Memória e Vida

Henri Bergson nasceu em Paris em 1859. Estudou na École Normale Supérieure de 1877 a 1881 e passou os 16 anos seguintes como professor de filosofia. Em 1900 tornou-se professor no Collège de France e, em 1927, ganhou o Prêmio Nobel de Literatura. Bergson morreu em 1941. Além deste livro, escreveu também, entre outros, *Matéria e memória*, *A energia espiritual*, *Aulas de psicologia e de metafísica*, todos publicados por esta editora.

Henri Bergson

Memória e Vida

Textos escolhidos por
GILLES DELEUZE
Mestre de conferências na
Universidade de Paris VIII

Tradução
CLAUDIA BERLINER

Revisão técnica e da tradução
BENTO PRADO NETO

wmf **martinsfontes**

SÃO PAULO 2019

1ª edição *2006*
3ª edição *2019*

Tradução
CLAUDIA BERLINER

Revisão técnica e da tradução
Bento Prado Neto
Acompanhamento editorial
Maria Fernanda Alvares
Revisões gráficas
Marisa Rosa Teixeira
Sandra Garcia Cortés
Dinarte Zorzanelli da Silva
Produção gráfica
Geraldo Alves
Paginação
Studio 3 Desenvolvimento Editorial

Dados Internacionais de Catalogação na Publicação (CIP)
(Câmara Brasileira do Livro, SP, Brasil)

Bergson, Henri, 1859-1941.
Memória e vida / Henri Bergson ; textos escolhidos por Gilles Deleuze ; tradução Claudia Berliner ; revisão técnica e da tradução Bento Prado Neto. – 3. ed. – São Paulo : Editora WMF Martins Fontes, 2019. – (Biblioteca do pensamento moderno)

Título original: Mémoire et vie.
ISBN 978-85-469-0250-7

1. Filosofia francesa 2. Memória 3. Vida I. Deleuze, Gilles, 1925-1995. II. Título.

19-24215 CDD-194

Índices para catálogo sistemático:
1. Filosofia francesa 194

Maria Alice Ferreira – Bibliotecária – CRB-8/7964

Editora WMF Martins Fontes Ltda.
Rua Prof. Laerte Ramos de Carvalho, 133 01325-030 São Paulo SP Brasil
Tel. (11) 3293-8150 e-mail: info@wmfmartinsfontes.com.br
http://www.wmfmartinsfontes.com.br

ÍNDICE

BIBLIOGRAFIA

L'idée de lieu chez Aristote, 1889 (tese em latim, traduzida por M. Mossé-Bastide, *Études bergsoniennes*, vol. II, Albin Michel).

Essai sur les données immédiates de la conscience, PUF, 1889; *Ensaios sobre os dados imediatos da consciência*, Edições 70, 1988.

Matière et mémoire, PUF, 1896; *Matéria e memória*, Martins Fontes, 1999.

Le rire, PUF, 1900; *O riso*, Martins Fontes, 2001.

L'évolution créatrice, PUF, 1907; *A evolução criadora*, Martins Fontes, 2005.

L'énergie spirituelle, PUF, 1919.

Durée et simultanéité, PUF, 1922; *Duração e simultaneidade*, Martins Fontes, 2006.

Les deux sources de la morale et de la religion, PUF, 1932.

La pensée et le mouvant, PUF, 1934; *O pensamento e o movente*, Martins Fontes, 2006.

Os livros dos quais os textos citados foram extraídos serão designados pelas seguintes abreviaturas:

D.I. .... (*Données immédiates*, 39.ª ed.)
M.M. .... (*Matière et mémoire*, 54.ª ed.)
R. .... (*Le rire*, 97.ª ed.)

E.C. .... (*L'évolution créatrice*, 52.ª ed.)
E.S. .... (*L'énergie spirituelle*, 58.ª ed.)
M.R. .... (*Les deux sources*, 76.ª ed.)
P.M. .... (*La pensée et le mouvant*, 31.ª ed.)

Queremos salientar que por ocasião do centenário do nascimento de Bergson a editora Presses Universitaires de France publicou uma edição completa de suas obras num volume costurado, impresso em papel bíblia (1.ª ed., 1959; 2.ª ed., 1963). Apresentado por Henri Gouhier, esse volume contém, além do texto integral das obras cuja reedição Bergson autorizara, notas de editor, uma bibliografia completa (com menção de todas as traduções), um aparato crítico, notas históricas e notas de leitura, um índice das citações e um índice das pessoas citadas. As anotações são de autoria de André Robinet.

I. A DURAÇÃO E O MÉTODO

a) Natureza da duração

1. A duração como experiência psicológica

A existência de que estamos mais certos e que melhor conhecemos é incontestavelmente a nossa, pois de todos os outros objetos temos noções que podem ser julgadas exteriores e superficiais, ao passo que percebemos a nós mesmos interiormente, profundamente. Que constatamos então? Qual é, nesse caso privilegiado, o sentido preciso da palavra "existir"?...

Constato em primeiro lugar que passo de um estado para outro. Tenho calor ou tenho frio, estou alegre ou estou triste, trabalho ou não faço nada, olho o que está à minha volta ou penso em outra coisa. Sensações, sentimentos, volições, representações, são essas as modificações entre as quais minha existência se divide e que a colorem alternadamente. Portanto, mudo sem cessar. Mas isso não é tudo. A mudança é bem mais radical do que se poderia pensar num primeiro momento.

Com efeito, falo de cada um de meus estados como se formasse um bloco. Embora diga que mudo, parece-me que a mudança reside na passagem de um estado ao estado seguinte: no que se refere a cada estado, tomado em separado, quero crer que continua o mesmo durante todo o tempo em que se produz. Contudo, um leve esforço de atenção revelar-me-ia que não há afeto, não há representação ou volição que não se modifique a todo instante; se um estado de alma cessasse de variar, sua duração deixaria de fluir. Tomemos o mais estável dos estados internos, a percepção visual de um objeto exterior imóvel. Por mais que o objeto permaneça o mesmo, por mais que eu olhe para ele do mesmo lado, pelo mesmo ângulo, sob a mesma luz, a visão que tenho dele não difere menos daquela que acabo de ter, quando mais não seja porque ela está um instante mais velha. Minha memória está aí, empurrando algo desse passado para dentro desse presente. Meu estado de alma, ao avançar pela estrada do tempo, infla-se continuamente com a duração que vai reunindo; por assim dizer, faz bola de neve consigo mesmo. Com mais forte razão isso ocorre com os estados mais profundamente interiores, sensações, afetos, desejos etc., que não correspondem, como uma simples percepção visual, a um objeto exterior invariável. Mas é cômodo não prestar atenção a essa mudança ininterrupta e só notá-la quando se torna grande o suficiente para imprimir uma nova atitude ao corpo, uma nova direção à atenção. Nesse momento preciso, descobrimos que mudamos de estado. A verdade é que mudamos sem cessar e que o próprio estado já é mudança.

Quer dizer que não há diferença essencial entre passar de um estado a outro e persistir no mesmo estado. Se, por um lado, o estado que "continua o mesmo" é mais variado do que achamos que seja, a passagem de um estado a outro, pelo contrário, parece-se mais do que imaginamos com um mesmo estado que se prolonga; a transição é contínua. Mas, precisamente por fecharmos os olhos à incessante variação de cada estado psicológico, somos obrigados, quando a variação se tornou tão considerável que se impõe à nossa atenção, a falar como se um novo estado tivesse se justaposto ao precedente. Supomos que este, por sua vez, permanece invariável, e assim por diante, indefinidamente. A aparente descontinuidade da vida psicológica decorre, pois, do fato de que nossa atenção se fixa nela por uma série de atos descontínuos: ali onde há apenas uma suave ladeira, cremos perceber, ao seguirmos a linha quebrada de nossos atos de atenção, os degraus de uma escada. É verdade que nossa vida psicológica é cheia de imprevistos. Surgem mil e um incidentes que parecem contrastar com o que os precede e não se vincular àquilo que os segue. Mas a descontinuidade com que aparecem destaca-se sobre a continuidade de um fundo onde eles se desenham e ao qual devem os próprios intervalos que os separam: são os toques de timbale ressoando de quando em quando na sinfonia. Nossa atenção se fixa neles porque a interessam mais, mas cada um deles vem inserido na massa fluida de nossa existência psicológica inteira. Cada um deles não é senão o ponto mais bem iluminado de uma zona movente que compreende tudo o que sentimos, pensamos, queremos, tudo o que somos, enfim, num determinado momento. É essa zona inteira que, na verdade, constitui nosso estado. Mas, de estados assim definidos, pode-se dizer que não são elementos distintos. Continuam-se uns aos outros num escoamento sem fim.

E.C., 1-3.

2. *A duração e o eu*

O que prova que nossa concepção corrente da duração depende de uma invasão gradual do espaço no terreno da consciência pura é que, para privar o eu da faculdade de perceber um tempo homogêneo, basta retirar aquela camada mais superficial de fatos psíquicos que ele utiliza como reguladores[1]. O sonho nos coloca precisamente nessas condições, pois o sono, ao diminuir a velocidade do funcionamento das funções orgânicas, modifica sobretudo a superfície de comunicação entre o eu e as coisas exteriores. Então, não medimos mais a duração, mas a sentimos; de quantidade ela retorna ao estado de qualidade; a avaliação matemática do tempo transcorrido deixa de ser feita, mas cede lugar a um instinto confuso, capaz, como todos os instintos, de cometer erros grosseiros e às vezes também de proceder com uma extraordinária segurança. Mesmo em estado de vigília, a experiência diária deveria nos ensinar a diferenciar entre a duração-qualidade, aquela que a consciência atinge imediatamente, aquela que o animal provavelmente percebe, e o tempo por assim dizer materializado, o tempo que se tornou quantidade por um desenvolvimento no espaço. No momento em que escrevo estas linhas, um relógio na vizinhança dá as horas; mas minha orelha distraída só percebe isso depois de várias pancadas já se terem feito ouvir; portanto, não as contei. E, no entanto, basta-me um esforço de atenção retrospectiva para fazer a soma das quatro pancadas que já soaram e adicioná-las

---

1. Essa ilusão que nos faz confundir a duração com um tempo homogêneo, ou seja, com "uma representação simbólica tirada da extensão", é constantemente denunciada por Bergson. Encontraremos uma análise detalhada disso nos textos 6, 7 e 8.

às que ouço. Se, entrando em mim mesmo, interrogar-me então cuidadosamente sobre o que acabou de acontecer, percebo que os quatro primeiros sons tinham atingido meu ouvido e até impressionado minha consciência, mas que as sensações produzidas por cada um deles, em vez de se justaporem, tinham-se fundido umas às outras de maneira que dotassem o todo de um aspecto próprio, de maneira que fizessem dele uma espécie de frase musical. Para avaliar retrospectivamente o número de pancadas já soadas, tentei reconstituir essa frase por meio do pensamento; minha imaginação deu uma pancada, depois duas, depois três e, enquanto não chegou ao número exato quatro, a sensibilidade, consultada, respondeu que o efeito total diferia qualitativamente. Portanto, tinha constatado à sua maneira a sucessão daquelas quatro pancadas, mas de um modo totalmente diferente de uma soma e sem fazer intervir a imagem de uma justaposição de termos distintos. Em suma, o número de pancadas dadas foi percebido como qualidade e não como quantidade; a duração apresenta-se assim à consciência imediata e conserva essa forma enquanto não é substituída por uma representação simbólica, tirada da extensão. – Distingamos, então, para concluir, duas formas da multiplicidade, duas avaliações bem diferentes da duração, dois aspectos da vida consciente. Sob a duração homogênea, símbolo extensivo da duração verdadeira, uma psicologia atenta discerne uma duração cujos momentos heterogêneos se penetram; sob a multiplicidade numérica dos estados conscientes, uma multiplicidade qualitativa; sob um eu com estados bem definidos, um eu onde sucessão implica fusão e organização. Em geral, porém, contentamo-nos com o primeiro, ou seja, com a sombra do eu projetada no espaço homogêneo. A consciência, atormentada por um insaciável desejo de distinguir, substitui a realidade pelo símbolo, ou só percebe a realidade através do símbolo. Como o eu assim refratado e por isso mesmo subdividido presta-se infinitamente melhor às exigências da vida social em geral e da linguagem em particular, ela o prefere e perde pouco a pouco de vista o eu fundamental.

D.I., 94-6.

3. Para além da psicologia: a duração é o todo

... A sucessão é um fato incontestável, mesmo no mundo material. Por mais que nossos raciocínios sobre os sistemas isolados impliquem que a história passada, presente e futura de cada um deles poderia ser aberta de golpe, em leque, nem por isso essa história deixa de se desenrolar pouco a pouco, como se ocupasse uma duração análoga à nossa. Se eu quiser preparar-me um copo de água com açúcar, por mais que faça, terei de esperar que o açúcar derreta. Esse pequeno fato é rico em ensinamentos. Pois o tempo que tenho de esperar não é mais o tempo matemático que continuaria podendo ser aplicado ao longo da história inteira do mundo material, mesmo que esta se esparramasse de golpe no espaço. Ele coincide com minha impaciência, ou seja, com uma certa porção de minha duração própria, que não pode ser prolongada ou encurtada à vontade. Não é mais algo pensado, mas algo vivido. Já não é uma relação, é um absoluto[2]. O que significa isso, senão que o copo de água, o açúcar e o processo de dissolução do açúcar na água são sem dúvida abs-

2. Cf. texto 10.

trações e que o Todo no qual foram recortados por meus sentidos e meu entendimento talvez progrida à maneira de uma consciência?

É certo que a operação por meio da qual a ciência isola e fecha um sistema não é uma operação de todo artificial. Se não tivesse um fundamento objetivo, não se poderia explicar por que ela é totalmente indicada em certos casos e impossível em outros. Veremos que a matéria tem uma tendência a constituir sistemas isoláveis, que possam ser tratados geometricamente[3]. É até mesmo por essa tendência que a definiremos. Mas é apenas uma tendência. A matéria não vai até o fim e o isolamento nunca é completo. Se a ciência vai até o fim e isola completamente, é para facilitar o estudo. Ela subentende que o sistema, dito isolado, continua submetido a certas influências externas. Deixa-as simplesmente de lado, seja porque as considera suficientemente fracas para desprezá-las, seja porque se reserva a possibilidade de levá-las em conta mais tarde. Nem por isso deixa de ser verdade que essas influências são, todas, fios que ligam o sistema a outro mais vasto, este a um terceiro que engloba os dois e assim por diante até que se chega ao sistema mais objetivamente isolado e mais independente de todos, o sistema solar em seu conjunto. Mas, mesmo nesse caso, o isolamento não é absoluto. Nosso sol irradia calor e luz para além do planeta mais distante. E, por outro lado, move-se, arrastando consigo os planetas e seus satélites, numa direção determinada. O fio que o prende ao resto do universo é sem dúvida bem tênue. Contudo, é por esse fio que se transmite, até a mais ínfima parcela do mundo onde vivemos, a duração imanente ao todo do universo.

3. Cf. textos 57, 60 e 67.

O universo dura. Quanto mais nos aprofundarmos na natureza do tempo, mais compreenderemos que duração significa invenção, criação de formas, elaboração contínua do absolutamente novo[4]. Os sistemas delimitados pela ciência só duram porque estão indissoluvelmente ligados ao resto do universo. É verdade que, no próprio universo, é preciso distinguir, como diremos adiante, dois movimentos opostos, um de "queda", outro de "elevação"[5]. O primeiro nada mais faz que desenrolar um rolo já pronto. Poderia, em princípio, realizar-se de maneira quase instantânea, como ocorre com uma mola que se distende. Mas o segundo, que corresponde a um trabalho interior de maturação ou de criação, dura essencialmente e impõe seu ritmo ao primeiro, que é inseparável dele.

E.C., 9-11.

4. *O todo e a vida*

Responderemos que não contestamos a identidade fundamental da matéria bruta e da matéria organizada[6]. A única questão é saber se os sistemas naturais que chamamos seres vivos devem ser assimilados aos sistemas artificiais que a ciência recorta na matéria bruta, ou se não deveriam, antes, ser comparados a esse sistema natural que é o todo do universo. Que a vida seja uma espécie de mecanismo é algo com que devo concordar. Mas tratar-se-ia do mecanismo das partes artificialmente isoláveis

---

4. Cf. texto 74.

5. Cf. texto 57.

6. Alguns biólogos acusam a filosofia da vida de postular a distinção de duas matérias. Bergson vai mostrar que o problema de uma filosofia da vida preocupada em salvaguardar a especificidade de seu objeto não trata de forma alguma dessa questão.

no todo do universo ou do mecanismo do todo real? O todo real poderia muito bem ser, dizíamos, uma continuidade indivisível: os sistemas que nele recortamos não seriam então partes suas propriamente ditas; seriam vistas parciais do todo. E, com essas vistas parciais colocadas lado a lado, você não obterá nem mesmo um começo de recomposição do conjunto, assim como não reproduzirá a materialidade de um objeto multiplicando suas fotografias sob mil aspectos diversos. O mesmo se aplica à vida e aos fenômenos físico-químicos nos quais se pretenderia resolvê-la. A análise certamente descobrirá nos processos de criação orgânica uma quantidade crescente de fenômenos físico-químicos. E é a isso que se aterão os químicos e os físicos. Mas disso não se conclui que a química e a física devam nos dar a chave da vida.

Um elemento muito pequeno de uma curva é quase uma linha reta. Quanto menor ele for, mais se parecerá com uma linha reta. No limite, pode-se dizer, conforme o gosto, que faz parte de uma reta ou de uma curva. Em cada um de seus pontos, com efeito, a curva se confunde com sua tangente. Do mesmo modo, a "vitalidade" é tangente em qualquer ponto às forças físicas e químicas; mas esses pontos não são, em suma, mais que vistas de um espírito que imagina paradas em tais ou quais momentos do movimento gerador da curva. Na verdade, a vida é tão pouco feita de elementos físico-químicos quanto uma curva é composta de linhas retas.

E.C., 30-1.

5. O todo e a coexistência das durações

A rigor, poderia não existir outra duração além da nossa, tal como poderia não haver no mundo outra cor além do laranja, por exemplo. Porém, assim como uma consciência à base de cor que simpatizasse internamente com o laranja em vez de percebê-lo exteriormente sentiria estar entre o vermelho e o amarelo, pressentiria quem sabe até, abaixo desta última cor, todo um espectro no qual se prolonga naturalmente a continuidade que vai do vermelho ao amarelo, também a intuição de nossa duração, longe de nos deixar suspensos no vazio como faria a pura análise, põe-nos em contato com toda uma continuidade de durações que devemos tentar seguir, seja para baixo, seja para cima: em ambos os casos, podemos nos dilatar indefinidamente por um esforço cada vez mais violento, em ambos os casos, transcendemos a nós mesmos. No primeiro, caminhamos para uma duração cada vez mais dispersa, cujas palpitações mais rápidas que as nossas, ao dividirem nossa sensação simples, diluem sua qualidade em quantidade: no limite estaria o puro homogêneo, a pura *repetição* pela qual definiremos a materialidade. Caminhando no outro sentido, vamos para uma duração que se tensiona, se contrai, se intensifica cada vez mais: no limite estaria a eternidade. Não mais a eternidade conceitual, que é uma eternidade de morte, mas uma eternidade de vida. Eternidade viva e, por conseguinte, ainda movente, onde a duração que nos é própria se encontraria como as vibrações na luz, e que seria a coalescência de toda duração assim como a materialidade é sua dispersão. Entre esses dois limites extremos a intuição se move e esse movimento é a metafísica[7].

P.M., 210.

7. Cf. textos 17, 22 e 26.

b) Características da duração

6. A duração é o que muda de natureza

Imaginemos uma linha reta, indefinida, e sobre essa linha um ponto material A que se desloca. Se esse ponto tomasse consciência de si mesmo, sentir-se-ia mudando já que se move: perceberia uma sucessão. Mas essa sucessão se revestiria para ele da forma de uma linha? Sem dúvida sim, contanto que ele pudesse elevar-se de algum modo acima da linha que percorre e perceber nela simultaneamente vários pontos justapostos: isso, porém, o levaria a formar a idéia de espaço, e é no espaço que veria desenrolarem-se as mudanças que sofre e não na pura duração. Vemos aqui claramente o erro daqueles que consideram a pura duração como coisa análoga ao espaço, mas de natureza mais simples. Satisfazem-se em justapor os estados psicológicos, em formar com eles uma cadeia ou uma linha, e nem imaginam fazer intervir nessa operação a idéia de espaço propriamente dita, a idéia de espaço na sua totalidade, porque o espaço é um meio de três dimensões. Mas quem não vê que, para perceber uma linha sob forma de linha, é preciso colocar-se fora dela, dar-se conta do vazio que a cerca e pensar, por conseguinte, um espaço de três dimensões? Se o nosso ponto consciente A ainda não tem a idéia de espaço – e é com essa hipótese que devemos trabalhar –, a sucessão dos estados pelos quais passa não poderia revestir-se para ele da forma de uma linha; mas suas sensações se juntarão dinamicamente umas às outras e se organizarão entre si como fazem as notas sucessivas de uma melodia pela qual nos deixamos embalar. Em suma, a pura duração bem poderia não ser senão uma sucessão de mudanças qualitativas, que se fundem, que se penetram, sem contornos precisos, sem nenhuma tendência a se exteriorizarem umas com relação às outras, sem nenhum parentesco com o número: seria a heterogeneidade pura.

D.I., 77.

7. A duração é a multiplicidade qualitativa

Outra conclusão, contudo, pode ser extraída dessa análise: a de que a multiplicidade dos estados de consciência, considerada em sua pureza original, não apresenta nenhuma semelhança com a multiplicidade distinta que forma um número. Haveria aí, dizíamos, uma multiplicidade qualitativa. Em suma, seria preciso admitir duas espécies de multiplicidades, dois sentidos possíveis para a palavra distinguir, duas concepções, uma qualitativa e a outra quantitativa, da diferença entre o *mesmo* e o *outro*. Umas vezes, essa multiplicidade, essa distinção, essa heterogeneidade só contêm o número em potência, como diria Aristóteles; isso porque a consciência opera uma discriminação qualitativa sem nenhuma intenção velada de contar as qualidades ou mesmo de fazer delas *várias*; nesse caso, há efetivamente multiplicidade sem quantidade. Outras vezes, ao contrário, trata-se de uma multiplicidade de termos que são contados ou que concebemos como podendo ser contados; mas, então, pensamos na possibilidade de exteriorizá-los uns com relação aos outros; desenvolvemo-los no espaço. Infelizmente, estamos tão acostumados a esclarecer esses dois sentidos da mesma palavra um pelo outro, a percebê-los até um dentro do outro, que sentimos uma incrível dificuldade para distingui-los ou, ao menos, para exprimir essa distinção pela linguagem. Assim, dizíamos que vários estados de consciência se organizam entre si, penetram-se, enriquecem-se cada vez mais e poderiam portanto dar, a um eu ignorante do espaço, a sensação da duração pura; porém, já para empregar a palavra "vários" tínhamos isolado esses estados uns dos outros, tínhamos exteriorizado uns com relação aos outros, nós os tínhamos justaposto, em uma palavra; e, assim, traíamos, pela própria expressão à qual éramos obrigados a recorrer, o hábito profundamente enraizado de desenvolver o tempo no espaço. É da imagem desse desenvolvimento, uma vez efetuado, que emprestamos necessariamente os termos destinados a expressar o estado de uma alma que ainda não o tivesse efetuado: esses termos estão portanto comprometidos por um vício original, e a representação de uma multiplicidade sem relação com o número ou com o espaço, embora clara para um pensamento que entra em si mesmo e se abstrai, não conseguiria se traduzir na língua do senso comum. No entanto, não podemos formar a própria idéia de multiplicidade distinta sem considerar paralelamente o que chamamos uma multiplicidade qualitativa. Quando contamos explicitamente unidades alinhando-as no espaço, não é verdade que ao lado dessa soma, cujos termos idênticos se desenham sobre um fundo homogêneo, prossegue, nas profundezas da alma, uma organização dessas unidades umas com as outras, processo totalmente dinâmico, bastante análogo à representação puramente qualitativa que uma bigorna sensível teria do número crescente de marteladas? Nesse sentido, poder-se-ia quase dizer que os números de uso diário têm, cada um, um equivalente emocional. Os comerciantes sabem muito bem disso e, em vez de indicar o preço de um objeto por um número redondo de francos, marcarão o número imediatamente inferior, com a possibilidade de intercalar em seguida um número suficiente de centavos. Em suma, o processo pelo qual contamos unidades e formamos com elas uma multiplicidade distinta tem um duplo aspecto: por um lado, supomo-las idênticas, o que só pode ser concebido com a condição de que essas unidades se alinhem num meio homogêneo; mas, por outro lado, a terceira unidade, por exemplo, ao se juntar às outras duas, modifica a natureza, o aspecto e como que o ritmo do conjunto: sem essa penetração mútua e esse progresso de certo modo qualitativo, não haveria soma possível. Portanto, é graças à qualidade da quantidade que formamos a idéia de uma quantidade sem qualidade.

D.I., 90-2.

8. A duração é o movimento

Considere-se a flecha que voa. A cada instante, diz Zenão[8], ela está imóvel, pois só teria o tempo de se mover, isto é, de ocupar ao menos duas posições sucessivas, se lhe fossem concedidos ao menos dois instantes. Num dado momento, está portanto em repouso num ponto dado. Imóvel em cada ponto de seu trajeto, está, durante todo o tempo em que se move, imóvel.

Sim, se supusermos que a flecha possa alguma vez *estar* em um ponto de seu trajeto. Sim, se a flecha, que é da ordem do movente, coincidisse alguma vez com uma posição, que é da ordem da imobilidade. Mas a flecha *não*

---

8. Zenão de Eléia, filósofo pré-socrático, autor de argumentos famosos cujo objetivo é mostrar, não a impossibilidade do movimento, mas a dificuldade de um pensamento sobre o movimento. Poucos são os filósofos que não refletiram sobre os paradoxos de Zenão. Mas Bergson renovou essa reflexão. Cf. texto 62.

está nunca em nenhum ponto de seu trajeto. Deve-se no máximo dizer que poderia estar num dado ponto, no sentido de que passa por ele e que lhe seria autorizado deter-se ali. É verdade que, caso ali se detivesse, ali ficaria e, nesse ponto, não seria mais com movimento que estaríamos lidando. O fato é que, se a flecha parte do ponto A para ir cair no ponto B, seu movimento AB é tão simples, tão indecomponível, enquanto movimento, quanto a tensão do arco que a lança. Como o *shrapnell**, que ao explodir antes de atingir o solo cobre com um perigo indivisível a zona de explosão, também a flecha que vai de A para B revela de uma só vez, embora ao longo de uma certa extensão de duração, sua indivisível mobilidade. Suponham um elástico que vocês esticassem de A até B; poderiam dividir sua extensão? O curso da flecha é precisamente essa extensão, tão simples quanto ela, indiviso como ela. É um só e único salto. Podem fixar um ponto C no intervalo percorrido e dizer que num certo momento a flecha estava em C. Se nele tivesse estado é porque se teria detido ali e vocês não teriam mais um curso de A até B, mas dois cursos, um de A para C, outro de C para B, com um intervalo de repouso. Um movimento único, por hipótese, é por inteiro movimento entre duas paradas: caso haja paradas intermediárias, não é mais um movimento único. No fundo, a ilusão decorre do fato de que, *uma vez efetuado*, o movimento depositou ao longo de seu trajeto uma trajetória imóvel sobre a qual podemos contar tantas imobilidades quantas quisermos. Daí conclui-se que o movimento, *ao se efetuar*, depositou em cada instante embaixo de si uma posição com a qual coincidia. Não se percebe que a trajetória se cria de um só golpe, ainda que para isso precise de um certo tempo, e que, embora se

---

* Tipo de granada cheia de balins. [N. da T.]

possa dividir à vontade a trajetória uma vez criada, não se conseguiria dividir sua criação, que é um ato em progresso e não uma coisa. Supor que o móvel *está* num ponto do trajeto é, com um tesourada dada nesse ponto, cortar o trajeto em dois e substituir a trajetória única inicialmente considerada por duas trajetórias. É distinguir dois atos sucessivos ali onde, por hipótese, há apenas um. Enfim, é transportar para o próprio curso da flecha tudo o que pode ser dito do intervalo que ela percorreu, ou seja, admitir *a priori* o absurdo de que o movimento coincida com o imóvel.

E.C., 308-9.

9. A duração é o indivisível e o substancial

É justamente essa continuidade indivisível de mudança que constitui a verdadeira duração. Não posso entrar aqui no exame profundo de uma questão de que tratei em outra parte[9]. Por isso, limitar-me-ei a dizer, para responder àqueles que vêem nessa duração "real" um não sei quê de inefável e de misterioso, que ela é a coisa mais clara do mundo: *a duração real* é o que sempre se chamou *tempo*, mas o tempo percebido como indivisível. Não discordo de que o tempo implica sucessão. Com o que não posso concordar é com a idéia de que a sucessão se apresenta à nossa consciência primeiro como distinção entre um "antes" e um "depois" justapostos. Quando escutamos uma melodia temos a mais pura impressão de sucessão que se possa ter – uma impressão tão distante quanto possível da da simultaneidade – e, no entanto, é a própria

9. Em *Os dados imediatos* e depois em *Matéria e memória*.

continuidade da melodia e a impossibilidade de decompô-la que causam em nós essa impressão. Se a recortarmos em notas distintas, em tantos "antes" e "depois" quantos quisermos, é porque misturamos a ela imagens espaciais e impregnamos a sucessão de simultaneidade: no espaço e apenas no espaço há distinção nítida de partes exteriores umas às outras. Reconheço, aliás, que é no tempo espacializado que nos pomos em geral. Não temos nenhum interesse em escutar o burburinho ininterrupto da vida profunda. E, no entanto, a duração real está lá. É graças a ela que ocorrem num único e mesmo tempo as mudanças mais ou menos longas a que assistimos em nós e no mundo exterior.

Portanto, quer se trate do dentro ou do fora, de nós ou das coisas, a realidade é a própria mobilidade. Era o que eu expressava ao dizer que há mudança, mas não há coisas que mudam.

Diante do espetáculo dessa mobilidade universal, alguns de nós serão tomados de vertigem. Estão acostumados à terra firme; não conseguem se acostumar com o caturro e a arfagem. Precisam de pontos "fixos" aos quais amarrar as idéias e a existência. Acreditam que, se tudo passa, nada existe; e que, se a realidade é mobilidade, ela já não é no momento em que a pensamos, ela escapa ao pensamento. O mundo material, dizem eles, vai se dissolver e o espírito se afogar no fluxo torrentoso das coisas. – Podem ficar tranqüilos! A mudança, se consentirem em olhar para ela diretamente, sem véu interposto, logo lhes aparecerá como o que pode haver de mais substancial e duradouro no mundo. Sua solidez é infinitamente superior à de uma fixidez que não passa de um arranjo efêmero entre mobilidades.

P.M., 166-7.

10. A duração é o absoluto

Enquanto você apoiar o movimento contra a linha que ele percorre, o mesmo ponto lhe parecerá sucessivamente, conforme a origem a que você o reporte, em repouso ou em movimento. O mesmo não ocorre mais se você extrair do movimento a mobilidade que é sua essência. Quando meus olhos me dão a sensação de um movimento, essa sensação é uma realidade e algo efetivamente acontece, seja porque um objeto se desloca aos meus olhos, seja porque meus olhos se movem diante do objeto. Com mais forte razão ainda fico certo da realidade do movimento quando eu o produzo depois de ter querido produzi-lo e a sensação muscular me fornece a consciência dele. Significa dizer que apreendo a realidade do movimento quando ele me aparece, internamente, como uma mudança de *estado* ou de *qualidade*. Mas, então, como não aconteceria a mesma coisa quando percebo mudanças de qualidade nas coisas? O som difere absolutamente do silêncio, assim como também um som de outro som. Entre a luz e a escuridão, entre cores, entre nuanças, a diferença é absoluta. A passagem de uma para a outra é, ela também, um fenômeno absolutamente real. Detenho, portanto, as duas extremidades da cadeia, as sensações musculares em mim, as qualidades sensíveis da matéria fora de mim, e nem num caso nem no outro apreendo o movimento, se movimento houver, como uma simples relação: é um absoluto. – Entre essas duas extremidades vêm se colocar os movimentos dos *corpos* exteriores propriamente ditos. Como distinguir aqui um movimento aparente de um movimento real? Acerca de que objeto, exteriormente percebido, pode-se dizer que ele se move, acerca de que outro, que permanece imóvel? Fazer tal pergunta é admitir que a descontinuidade estabelecida pelo senso comum entre objetos independentes uns dos outros, cada qual com sua individualidade, comparáveis a espécies de pessoas, é uma distinção bem fundada. Na hipótese contrária, com efeito, não se trataria mais de saber como se produzem, em tais *partes* determinadas da matéria, mudanças de posição, mas como se dá, no *todo*, uma mudança de aspecto, mudança cuja natureza, aliás, ainda nos faltaria determinar.

M.M., 218-20.

c) A intuição como método

11. Necessidade de um método para encontrar os verdadeiros problemas e as diferenças de natureza

Por que a filosofia aceitaria uma divisão que tem todas as chances de não corresponder às articulações do real? No entanto, costuma aceitá-la. Sujeita-se ao problema tal como ele é formulado pela linguagem. Condena-se, portanto, por antecipação a receber uma solução já pronta ou, na melhor das hipóteses, a simplesmente escolher entre as únicas duas ou três soluções possíveis, coeternas a essa formulação do problema. Seria o mesmo que dizer que toda verdade já é virtualmente conhecida, que seu modelo está depositado nos mapas administrativos da cidade e que a filosofia é um *puzzle* em que o objetivo é reconstituir, com peças que a sociedade nos fornece, o desenho que ela não quer nos mostrar. Seria o mesmo que atribuir ao filósofo o papel e a atitude do estudante, que procura a solução pensando consigo mesmo que com uma olhadela indiscreta ele a veria, anotada na frente do enunciado, no caderno do mestre. Mas a verdade é que, em filosofia e também alhures, trata-se bem mais de *encontrar* o problema e, por conseguinte, de *formulá-lo*, que de resolvê-lo. Pois um problema especulativo está resolvido a partir do momento em que está bem formulado. Quero dizer com isso que a solução existe imediatamente, embora possa permanecer escondida e, por assim dizer, coberta: resta apenas *des*cobri-la. Formular o problema, porém, não é simplesmente descobrir, é inventar. A descoberta incide sobre o que já existe, atual ou virtualmente; portanto, era certo que aparecesse cedo ou tarde. A invenção dá o ser ao que não era, poderia não ter ocorrido nunca. Em matemática, e com mais razão ainda em metafísica, o esforço de invenção consiste em geral em suscitar o problema, em criar os termos nos quais será formulado. Aqui, formulação e solução do problema estão muito perto de se equivalerem: os verdadeiros grandes problemas só são formulados quando são resolvidos. Mas muitos pequenos problemas entram no mesmo caso. Abro um tratado elementar de filosofia. Um dos primeiros capítulos trata do prazer e da dor. Fazem ao estudante uma pergunta como esta: "O prazer é ou não é a felicidade?" Contudo, seria preciso saber primeiro se prazer e felicidade são gêneros que correspondem a um seccionamento natural das coisas. A rigor, a frase poderia significar simplesmente: "Considerado o sentido habitual dos termos *prazer* e *felicidade*, deve-se dizer que a felicidade seja uma seqüência de prazeres?" O que se coloca, então, é uma questão lexical; só será resolvida verificando-se como as palavras "prazer" e "felicidade" foram empregadas pelos escritores que melhor manejaram a língua. Ter-se-á aliás feito um trabalho útil; ter-se-á definido melhor dois termos usuais, ou seja, dois hábitos sociais. Mas se nosso intuito é fazer mais que isso, é captar realidades e não aperfeiçoar convenções, por que querer que termos talvez artificiais (não sabemos se são ou não são artificiais, porque ainda não estudamos o objeto) formulem um problema que concerne à própria natureza das coisas? Suponha que examinando os estados agrupados sob o nome de prazer não se descubra nada comum entre eles, salvo o fato de serem estados que o homem busca: a humanidade terá classificado essas coisas muito diferentes num mesmo gênero porque identificava nelas o mesmo interesse prático e porque reagia a todas da mesma maneira. Suponha, por outro lado, que se chegue a um resultado análogo ao analisar a idéia de felicidade. O problema desaparece imediatamente ou, antes, dissolve-se em problemas totalmente novos, acerca dos quais nada poderemos saber e dos quais não possuiremos nem mesmo os termos antes de ter estudado em si mesma a atividade humana com relação à qual a sociedade adotara visões talvez artificiais, visões obtidas de fora para formar as idéias gerais de *prazer* e de *felicidade*. Também será preciso estar certo, para começar, de que o próprio conceito de "atividade humana" corresponde a uma divisão natural. Nessa desarticulação do real segundo suas tendências próprias jaz a principal dificuldade tão logo se abandona o terreno da matéria para entrar no do espírito.

P.M., 51-3.

12. A crítica dos falsos problemas

Esse esforço exorcizará alguns fantasmas de problemas que obcecam o metafísico, ou seja, cada um de nós. Refiro-me aos problemas angustiantes e insolúveis que não versam sobre o que existe, mas antes sobre o que não existe. É o caso do problema da origem do ser: "Como pode ser que algo exista – matéria, espírito ou Deus? Deve ter havido uma causa, e uma causa da causa, e assim por diante indefinidamente." Remontamos, pois, de causa em causa; e se paramos em algum lugar, não é porque nossa inteligência não procura mais nada além dali, mas porque nossa imaginação acaba fechando os olhos, como na beira do abismo, para evitar a vertigem. É também o caso do problema da ordem em geral: "Por que uma realidade ordenada, onde nosso pensamento se reconhece como num espelho? Por que o mundo não é incoerente?" Disse que esses problemas tratam bem mais do que não existe do que do que existe. Com efeito, ninguém nunca se espantaria com o fato de que algo exista – matéria, espírito, Deus –, se não se admitisse implicitamente que poderia não existir nada. Supomos, ou melhor, acreditamos supor que o ser veio preencher um vazio e que o nada preexistia logicamente ao ser: a realidade primordial – quer a chamemos matéria, espírito ou Deus – viria então acrescer-se a ele, e isso é incompreensível. Da mesma forma, ninguém se perguntaria por que a ordem existe se não se concebesse uma desordem que teria se dobrado à ordem e que, por conseguinte, a precederia, ao menos idealmente. A ordem teria, portanto, necessidade de ser explicada, ao passo que a desordem, existindo de direito, não exigiria explicação. É esse o ponto de vista em que se corre o risco de ficar caso se procure apenas compreender. Mas tentemos, além disso, gerar (coisa que só poderemos fazer, evidentemente, pelo pensamento). À medida que dilatamos nossa vontade, que tendemos a reabsorver nela nosso pensamento e que simpatizamos mais com o esforço que gera as coisas, esses enormes problemas recuam, diminuem, desaparecem. Pois sentimos que uma vontade ou um pensamento divinamente criador está pleno demais de si mesmo, na sua imensidade de realidade, para que a idéia de uma falta de ordem ou de uma falta de ser possa simplesmente tocá-lo, mesmo que de leve. Conceber a possibilidade da desordem absoluta e, com mais forte razão ainda, do nada seria para ele dizer-se que poderia não ter existido em absoluto, e isso seria uma fraqueza incompatível com sua natureza, que é força. Quanto mais nos voltamos para ele, mais as dúvidas que atormentam o homem normal e saudável nos parecem anormais e mórbidas. Lembremos o duvidador que fecha uma janela, depois volta para verificar o fechamento, depois verifica sua verificação e assim por diante. Se lhe indagarmos seus motivos, responderá que poderia ter aberto a janela a cada vez que tentou fechá-la melhor. E, se for filósofo, transporá intelectualmente a hesitação de sua conduta para este enunciado de problema: "Como ter certeza, ter uma certeza definitiva de que fizemos o que queríamos fazer?" Mas a verdade é que seu poder de agir está lesado e que é esse o mal de que sofre: tinha apenas uma meia vontade de realizar o ato e é por isso que o ato realizado só lhe deixa uma meia certeza. Ainda assim, o problema que esse homem se coloca, nós o resolvemos? É evidente que não, mas não o colocamos: nisso está nossa superioridade. À primeira vista, eu poderia crer que há nele mais que em mim, já que nós dois fechamos a janela e ele, além disso, levanta uma questão filosófica, e eu não. Mas a questão que nele se acresce à tarefa feita representa, na verdade, apenas algo negativo; não é algo a mais, é algo a menos; é um déficit do querer. É esse, precisamente, o efeito que produzem em nós certos "grandes problemas", quando voltamos a nos orientar pelo pensamento gerador. Tendem a zero à medida que nos aproximamos desse pensamento, não sendo mais que a distância entre ele e nós. Descobrimos então a ilusão daquele que acredita fazer mais ao formulá-los do que ao não os formular. Pode-se também imaginar que há mais na garrafa bebida pela metade do que na garrafa cheia, porque esta contém apenas vinho, ao passo que na outra há vinho e, ademais, vazio.

Contudo, assim que percebemos intuitivamente o verdadeiro, nossa inteligência se emenda, se corrige, formula intelectualmente seu erro. Ela recebeu a sugestão; ela fornece o controle. Assim como o mergulhador vai apalpar no fundo da água os destroços que o aviador apontou do alto do céu, a inteligência imersa no meio conceitual verificará ponto por ponto, por contato, analiticamente, o que fora objeto de uma visão sintética e supraintelectual. Sem uma advertência vinda de fora, a idéia de uma possível ilusão nem mesmo teria passado por sua cabeça, pois sua ilusão fazia parte de sua natureza. Sacudida de seu sono, analisará as idéias de desordem, de nada e seus congêneres. Reconhecerá – quando mais não seja por um instante, mesmo que a ilusão reapareça tão logo seja expulsa – que não se pode suprimir um arranjo sem que outro arranjo o substitua, retirar matéria sem que outra matéria venha ocupar seu lugar. "Desordem" e "nada" designam, portanto, realmente uma presença – a presença de uma coisa ou de uma ordem que não nos interessa, que desaponta nosso esforço ou nossa atenção; é nossa decepção que se exprime quando chamamos essa presença de ausência. A partir daí, falar da ausência de qualquer ordem e quaisquer coisas, isto é, da desordem absoluta e do nada absoluto, é pronunciar palavras vazias de sentido, *flatus vocis*, posto que uma supressão é simplesmente uma substituição vista por apenas uma de suas duas faces, e que a abolição de toda ordem ou de todas as coisas seria uma substituição de face única – idéia que tem tanta existência quanto a do quadrado redondo. Portanto, quando o filósofo fala de caos e de nada, apenas transporta para a ordem da especulação – elevadas ao absoluto e esvaziadas por isso de qualquer sentido, de qualquer conteúdo efetivo – duas idéias feitas para a prática e que estavam relacionadas com uma espécie determinada de matéria ou de ordem, mas não com toda ordem, não com toda matéria. A partir daí, que acontece com os dois problemas da origem da ordem, da origem do ser? Eles somem, uma vez que só se colocam se imaginarmos o ser e a ordem como "sobrevindos" e, por conseguinte, o nada e a desordem como possíveis ou, ao menos, concebíveis; mas tudo isso são só palavras, miragens de idéias.

P.M., 65-8.

13. Exemplo: o falso problema da intensidade

Constatamos que os fatos psíquicos eram em si mesmos qualidade pura ou multiplicidade qualitativa e que, por outro lado, sua causa situada no espaço era quantidade[10]. Na medida em que essa qualidade se torna o signo dessa quantidade e que suspeitamos que esta esteja por trás daquela, nós a chamamos intensidade. A intensidade de um estado simples não é, portanto, a quantidade, mas seu signo qualitativo. Encontrarão a origem disso num compromisso entre a qualidade pura, que é o apanágio da consciência, e a pura quantidade, que é necessariamente espaço. Ora, vocês renunciam a esse compromisso sem o

10. É essa a tese do primeiro capítulo de *Dados imediatos*.

menor escrúpulo quando estudam as coisas exteriores, já que então deixam de lado as próprias forças, supondo-se que elas existam, para considerar apenas seus efeitos mensuráveis e extensos. Por que conservariam esse conceito bastardo quando for a vez de analisar o fato de consciência? Se, fora de vocês, a grandeza nunca é intensiva, a intensidade, dentro de vocês, nunca é grandeza. Foi por não tê-lo compreendido que os filósofos tiveram de distinguir duas espécies de quantidade, uma extensiva, a outra intensiva, sem nunca conseguir explicar o que elas tinham em comum entre si, nem como se podiam empregar, para coisas tão dissímeis, as mesmas palavras "crescer" e "diminuir". Por isso eles são responsáveis pelos exageros da psicofísica[11]; pois, quando concedem à sensação, que não seja de modo metafórico, a faculdade de crescer, convidam-nos a tentar descobrir o quanto ela cresce. E, do fato de que a consciência não mede a quantidade intensiva, não se segue que a ciência não possa consegui-lo indiretamente, se for uma grandeza. Ou existe uma fórmula psicofísica possível, ou a intensidade de um estado psíquico simples é qualidade pura.

D.I., 169.

14. O falso problema do nada

Como opor então a idéia de Nada à de Tudo? Não vemos que isso é opor o pleno ao pleno e que a questão de saber "por que existe algo" é, por conseguinte, uma

---

11. Tentativa de alguns filósofos e psicólogos de determinar a relação entre as variações quantitativas da excitação e as da sensação.

questão desprovida de sentido, um pseudoproblema levantado em torno de uma pseudo-idéia? No entanto, temos de dizer uma vez mais por que esse fantasma de problema assombra o espírito com tamanha obstinação. Em vão mostramos que, na representação de uma "abolição do real", há apenas a imagem de todas as realidades eliminando-se entre si, indefinidamente, em círculo. Em vão agregamos que a idéia de inexistência é apenas a da expulsão de uma existência imponderável, ou existência "meramente possível", por uma existência mais substancial, que seria a verdadeira realidade. Em vão encontramos na forma *sui generis* da negação algo de extra-intelectual, a negação sendo o juízo de um juízo, uma advertência feita a outrem ou a si mesmo, de modo que seria absurdo atribuir-lhe o poder de criar representações de um novo tipo, idéias sem conteúdo. Ainda assim persiste a convicção de que, antes das coisas, ou pelo menos sob as coisas, há o nada. Se buscamos a razão desse fato, encontramo-la precisamente no elemento afetivo, social e, para resumir, prático, que confere sua forma específica à negação. As maiores dificuldades filosóficas nascem, dizíamos, do fato de que as formas da ação humana se aventuram fora de seu domínio próprio. Somos feitos para agir tanto ou mais que para pensar – ou antes, quando seguimos o movimento de nossa natureza, é para agir que pensamos. Portanto, não deve causar espanto que os hábitos da ação impregnem os da representação e que nosso espírito perceba sempre as coisas na mesma ordem em que estamos acostumados a pensá-las quando nos propomos a agir sobre elas. Contudo, como observávamos anteriormente, é incontestável que toda ação humana tem como ponto de partida uma insatisfação e, por isso, um sentimento de ausência. Não agiríamos se não nos propuséssemos um objetivo, e só procuramos uma coisa porque nos sentimos privados dela. Nossa ação procede assim de "nada" para "alguma coisa" e é de sua essência bordar "alguma coisa" sobre o canevás do "nada". A bem dizer, o nada a que nos referimos aqui não é tanto a ausência de uma coisa quanto a de uma utilidade. Se conduzo um visitante até um cômodo que ainda não guarneci de móveis, aviso-o de que "não tem nada". Sei no entanto que o cômodo está cheio de ar; mas, como não é sobre o ar que nos sentamos, o cômodo realmente não contém nada daquilo que, naquele momento, conta para o visitante e para mim mesmo. De um modo geral, o trabalho humano consiste em criar utilidade; e, enquanto o trabalho não estiver feito, não há "nada" – nada do que se queria obter. Passamos a vida assim, a preencher vazios que nossa inteligência concebe sob a influência extra-intelectual do desejo e da nostalgia, sob a pressão das necessidades vitais: e, se entendermos por vazio uma ausência de utilidade e não de coisas, podemos dizer, nesse sentido totalmente relativo, que vamos constantemente do vazio para o pleno. É nessa direção que vai nossa ação. Nossa especulação não pode se impedir de fazer o mesmo e, naturalmente, passa do sentido relativo ao sentido absoluto, já que se exerce sobre as coisas mesmas e não sobre a utilidade que elas têm para nós. É assim que se implanta em nós a idéia de que a realidade preenche um vazio e que o nada, concebido como ausência de tudo, preexiste a todas as coisas de direito, senão de fato. É essa ilusão que tentamos dissipar, mostrando que a idéia de Nada, caso se pretenda ver nela a de uma abolição de todas as coisas, é uma idéia que se destrói a si mesma e se reduz a uma mera palavra – que se, ao contrário, for verdadeiramente uma idéia, encontraremos nela tanta matéria quanto na idéia de Tudo.

Essa longa análise era necessária para mostrar que *uma realidade que se basta a si mesma não é necessariamente uma realidade alheia à duração*. Se passamos (conscientemente ou inconscientemente) pela idéia do nada para chegar à do Ser, o Ser ao qual se chega é uma essência lógica ou matemática, portanto intemporal. A partir daí, uma concepção estática do real se impõe: tudo parece dado de uma só vez, na eternidade. Mas é preciso acostumar-se a pensar o Ser diretamente, sem fazer um desvio, sem dirigir-se primeiro ao fantasma de nada que se interpõe entre ele e nós. É preciso procurar ver para ver e não mais ver para agir. Então, o Absoluto se revela muito perto de nós e, em certa medida, em nós. Ele é de essência psicológica e não matemática ou lógica. Vive conosco. Como nós, mas, sob certos aspectos, infinitamente mais concentrado e mais voltado para si mesmo, ele dura.

E.C., 296-8.

15. O falso problema do possível

As duas ilusões que acabo de assinalar são na verdade uma só. Consistem em acreditar que há *menos* na idéia do vazio que na do cheio, *menos* no conceito de desordem que no de ordem. Na verdade, há mais conteúdo intelectual nas idéias de desordem e de nada, quando elas representam algo, do que nas de ordem e de existência, porque implicam várias ordens, várias existências e, além disso, uma fantasia mental que se diverte inconscientemente com elas.

Pois bem, encontro a mesma ilusão no caso que nos interessa. No fundo das doutrinas que ignoram a novidade radical de cada momento da evolução, há muitos malentendidos, muitos erros. Mas há sobretudo a idéia de que o possível é *menos* que o real e que, por esse motivo, a possibilidade das coisas precede sua existência. Seriam, dessa maneira, representáveis de antemão; poderiam ser pensadas antes de ser realizadas. Mas é o contrário que é verdade. Se deixarmos de lado os sistemas fechados, submetidos a leis puramente matemáticas, isoláveis porque a duração não age sobre eles, se considerarmos o conjunto da realidade concreta ou simplesmente o mundo da vida e, com mais razão ainda, o da consciência, verificaremos que há mais, e não menos, na possibilidade de cada um dos estados sucessivos do que na sua realidade. Pois o possível nada mais é que o real acrescido de um ato mental que rejeita sua imagem no passado uma vez que ele se produziu. Mas é isso que nossos hábitos intelectuais nos impedem de perceber...

... À proporção que a realidade se cria, imprevisível e nova, sua imagem se reflete atrás dela no passado indefinido; vê-se assim que ela foi, desde sempre, possível; mas é nesse momento preciso que ela começa a sempre tê-lo sido, e é por isso que eu dizia que sua possibilidade, que não precede sua realidade, a terá precedido assim que a realidade aparecer. O possível é, portanto, a miragem do presente no passado; e como sabemos que o porvir acabará por ser presente, como o efeito de miragem continua se produzindo sem descanso, dizemos para nós mesmos que no nosso presente atual, que será o passado amanhã, a imagem de amanhã já está contida, conquanto não consigamos apreendê-la. Nisso consiste precisamente a ilusão. É como se imaginássemos, ao ver nossa imagem no espelho diante do qual nos colocamos, que teríamos podido tocá-la se tivéssemos ficado atrás. Aliás, ao julgar assim que o possível não pressupõe o real, admitimos que a realização acrescenta algo à simples possibilidade: o possível teria estado ali desde sempre, fantasma que espera a sua hora chegar; teria, portanto, se tornado realidade pela adição de algo, por não sei que transfusão de sangue ou de vida. Não se vê que é justamente o contrário, que o possível implica a realidade correspondente acrescida, ademais, de algo que a ela se junta, já que o possível é o efeito combinado da realidade depois que ela apareceu e de um dispositivo que a rejeita para trás. A idéia, imanente à maioria das filosofias e natural para o espírito humano, de possíveis que se realizariam por uma aquisição de existência, é portanto pura ilusão. Seria o mesmo que afirmar que o homem de carne e osso provém da materialização de sua imagem percebida no espelho, sob a alegação de que há nesse homem real tudo o que se encontra nessa imagem virtual acrescida da solidez que faz com que possamos tocá-la. Mas a verdade é que, nesse caso, é preciso mais para obter o virtual do que para obter o real, mais para a imagem do homem do que para o próprio homem, pois a imagem do homem não se desenhará se não se começar por ter o homem, e, além dele, um espelho.

P.M., 109-12.

16. Formular os problemas em termos de duração

Para nós, nunca há instantâneo. Naquilo que chamamos por esse nome já entra um trabalho de nossa memória e, por conseguinte, de nossa consciência, que prolonga uns nos outros, de maneira que os apreenda numa intuição relativamente simples, tantos momentos quanto se queira de um tempo indefinidamente divisível. Mas onde está exatamente a diferença entre a matéria, tal como o mais exigente realismo poderia concebê-la, e a percepção que dela temos?[12] Nossa percepção nos dá do universo uma série de quadros pitorescos, mas descontínuos: de nossa percepção atual não conseguiríamos deduzir as percepções posteriores, porque não há nada, num conjunto de qualidades sensíveis, que permita prever as qualidades novas em que elas se transformarão. Já a matéria, tal como o realismo costuma propô-la, evolui de modo que se possa passar de um momento ao momento seguinte por via da dedução matemática. É verdade que entre essa matéria e essa percepção o realismo científico não conseguiria encontrar um ponto de contato, porque ele desenvolve essa matéria em mudanças homogêneas no espaço, ao passo que restringe essa percepção a sensações inextensivas numa consciência. Porém, se nossa hipótese estiver bem fundada, é fácil ver como percepção e matéria se distinguem e como coincidem. A heterogeneidade qualitativa de nossas sucessivas percepções do universo prende-se ao fato de cada uma dessas percepções estender-se ela própria sobre uma certa espessura de duração, ao fato de a memória condensar nela uma multiplicidade enorme de abalos que nos aparecem todos juntos, embora sejam sucessivos. Bastaria dividir idealmente essa espessura indivisa de tempo, distinguir nela a multiplicidade desejada de momentos, eliminar toda memória, em uma palavra, para passar da percepção à matéria, do sujeito ao objeto. Então a matéria, que se tornaria cada vez mais homogênea à medida que nossas sensações extensivas se distribuíssem sobre um número maior de momentos, tenderia indefinidamente para esse sistema de abalos homogêneos de que fala o realismo, sem contudo, é verda-

12. O que Bergson critica no "realismo científico" é não entender a natureza da relação entre a matéria e a percepção, justamente por sacrificar a duração ao instantâneo.

de, jamais coincidir totalmente com eles. Não seria absolutamente necessário propor, de um lado, o espaço com movimentos despercebidos, do outro, a consciência com sensações inextensivas. Ao contrário, é numa percepção extensiva que sujeito e objeto se uniriam inicialmente, o aspecto subjetivo da percepção consistindo na contração que a memória opera e a realidade objetiva da matéria se confundindo com os múltiplos e sucessivos abalos nos quais nossa percepção se decompõe internamente.

É esta ao menos a conclusão que se extrairá, assim esperamos, da última parte deste trabalho[13]: *as questões relativas ao sujeito e ao objeto, a sua distinção e a sua união, devem ser formuladas em função antes do tempo que do espaço.*

M.M., 72-4.

17. *A intuição, para além da análise e da síntese*

Mas, se a metafísica deve proceder por intuição, se a intuição tem por objeto a mobilidade da duração e se a duração é por essência psicológica, não encerraremos o filósofo na contemplação exclusiva de si mesmo?[14] A filosofia não consistirá em simplesmente se olhar viver, "como um pastor sonolento olha a água correr"? Falar dessa maneira seria reincidir no erro que assinalamos sem cessar desde o começo deste estudo. Seria ignorar a na-

13. Aqui, Bergson alude ao conjunto das conclusões de *Matéria e memória*.

14. A intuição tem todas as características precedentes: critica os falsos problemas, descobre os verdadeiros problemas, formula os problemas em função do tempo. Mas se tem todas essas características é porque, em si mesma, ela é coincidência com a duração.

tureza singular da duração bem como o caráter essencialmente ativo da intuição metafísica. Seria não ver que apenas o método de que falamos permite ultrapassar tanto o idealismo como o realismo, afirmar a existência de objetos inferiores e superiores a nós, embora, em certo sentido, interiores a nós, fazê-los coexistir sem dificuldade, dissipar progressivamente as obscuridades que a análise acumula em torno dos grandes problemas. Sem abordar aqui o estudo desses vários pontos, limitemo-nos a mostrar como a intuição de que falamos não é um ato único, mas uma série indefinida de atos, todos do mesmo gênero sem dúvida, mas cada um de um tipo muito particular, e como essa diversidade de atos corresponde a todos os graus do ser.

Se quiser *analisar* a duração, ou seja, resolvê-la em conceitos já prontos, sou obrigado, pela própria natureza do conceito e da análise, a adotar no tocante à *duração em geral* dois pontos de vista opostos com os quais pretenderei em seguida recompô-la. Essa combinação não poderá apresentar nem uma diversidade de graus nem uma variedade de formas: ela é ou não é. Direi, por exemplo, que há por um lado uma *multiplicidade* de estados de consciência sucessivos e, por outro, uma *unidade* que os reúne. A duração será a "síntese" dessa unidade e dessa multiplicidade, operação misteriosa em que não se percebe, repito, como ela poderia comportar nuanças ou graus. Nessa hipótese, só há, só pode haver uma duração única, aquela em que nossa consciência opera habitualmente. Para fixar as idéias, se tomarmos a duração sob o aspecto simples de um movimento que se realiza no espaço e tentarmos reduzir a conceitos o movimento considerado como representativo do Tempo, teremos por um lado um número tão grande quanto se quiser de pontos da trajetória e, por outro, uma unidade abstrata que os reúne, como um fio que mantivesse juntas as pérolas de um colar. Entre essa multiplicidade abstrata e essa unidade abstrata, a combinação, uma vez formulada como possível, é coisa singular para a qual não encontraremos mais nuanças do que aquelas que admite, em aritmética, uma soma de números dados. Mas se, em vez de pretender analisar a duração (ou seja, no fundo, fazer sua síntese com conceitos), nos instalarmos primeiro nela por um esforço de intuição, teremos a sensação de uma certa *tensão* bem determinada, cuja própria determinação aparece como uma escolha entre uma infinidade de durações possíveis. A partir daí, percebem-se quantas durações se quiser, todas muito diferentes umas das outras, embora cada uma delas, reduzida a conceitos, ou seja, considerada exteriormente dos dois pontos de vista opostos, sempre se resume à mesma indefinível combinação do múltiplo e do um.

P.M., 206-8.

18. A diferença, objeto da intuição

Tomemos, por exemplo, todos os matizes do arco-íris, os do violeta e do azul, os do verde, do amarelo e do vermelho. Creio que não estaremos traindo a idéia mestra do Sr. Ravaisson[15] ao dizer que haveria duas maneiras de determinar o que eles têm em comum e, por conseguinte, de filosofar sobre eles. A primeira consistiria simplesmente em dizer que são cores. A idéia abstrata e geral de cor

---

15. Bergson tinha grande admiração por Ravaisson (1813-1900) e, em *La Pensée et le Mouvant*, dedica um artigo à sua obra; descobre nela uma concepção da filosofia próxima da sua em certos aspectos.

torna-se assim a unidade à qual a diversidade dos matizes se resume. Mas só obtemos essa idéia geral de cor apagando do vermelho o que faz dele um vermelho, do azul o que faz dele um azul, do verde o que faz dele um verde; só podemos defini-la dizendo que ela não representa nem o vermelho, nem o azul, nem o verde; é uma afirmação feita de negações, uma forma circunscrevendo o vazio. A isso se atém o filósofo que fica no abstrato. Por via de uma generalização crescente, acredita encaminhar-se para a unificação das coisas: é que procede por extinção gradual da luz que salientava as diferenças entre os tons e acaba confundindo-os todos numa escuridão comum. Totalmente diferente é o método verdadeiro de unificação. Consistiria, nesse caso, em tomar os mil e um matizes do azul, do violeta, do verde, do amarelo, do vermelho, e, fazendo-os atravessar uma lente convergente, conduzi-los a um mesmo ponto. Então apareceria em todo o seu esplendor a pura luz branca, aquela que, percebida aqui embaixo nos matizes que a dispersam, conteria lá em cima, na sua unidade indivisa, a diversidade indefinida dos raios multicolores. Então se revelaria também, até mesmo em cada matiz tomado isoladamente, o que o olho não notava num primeiro momento, a luz branca de que ele participa, a claridade comum de onde ele tira sua coloração própria. É esse, sem dúvida, segundo o Sr. Ravaisson, o tipo de visão que devemos pedir à metafísica. Da contemplação de um mármore antigo poderá brotar, aos olhos do verdadeiro filósofo, mais verdade concentrada do que a que existe, em estado difuso, em todo um tratado de filosofia[16]. O ob-

---

16. Ravaisson foi conservador do museu do Louvre. Conseguiu restaurar a *Vênus de Milo* e a *Vitória de Samotrácia*, restituindo a essas estátuas, segundo dizem, sua atitude original.

jetivo da metafísica é voltar a captar nas existências individuais e seguir até a fonte de onde ele emana o raio particular que, conferindo a cada uma delas seu matiz próprio, vincula-a desse modo à luz universal.

P.M., 259-60.

d) Ciência e filosofia

19. Diferença de natureza entre a ciência e a metafísica

Queremos uma diferença de método, não admitimos uma diferença de valor entre a metafísica e a ciência. Menos modestos no tocante à ciência do que o foi a maioria dos cientistas, achamos que uma ciência fundada na experiência, tal como os modernos a entendem, pode alcançar a essência do real. É certo que ela abarca tão-somente uma parte da realidade; mas dessa parte poderá um dia tocar o fundo; em todo caso, irá se aproximar dele indefinidamente. Portanto, já satisfaz metade do programa da antiga metafísica: metafísica ela poderia se chamar se não preferisse conservar o nome de ciência. Resta a outra metade. Esta nos parece competir de direito a uma metafísica que também parte da experiência e que também tem condições de alcançar o absoluto: chamá-la-íamos de ciência se a ciência não preferisse limitar-se ao resto da realidade. Portanto, a metafísica não é superior à ciência positiva; não vem, depois da ciência, considerar o mesmo objeto para obter dele um conhecimento mais elevado. Supor entre elas essa relação, segundo o costume mais ou menos constante dos filósofos, é prejudicar a ambas: à ciência, que se vê condenada à relatividade; à metafísica, que não será mais que um conhecimento hipotético e vago, já que a ciência terá necessariamente tomado para si, de antemão, tudo o que se pode saber de preciso e certo sobre seu objeto. Bem diferente é a relação que estabelecemos entre a metafísica e a ciência. Achamos que são, ou que podem tornar-se, igualmente precisas e certas. Ambas tratam da realidade. Mas cada uma retém apenas metade dela, de maneira tal que se poderia ver nelas, conforme o gosto, duas subdivisões da ciência ou dois departamentos da metafísica, se não indicassem direções divergentes da atividade de pensamento.

Justamente por estarem no mesmo nível, elas têm pontos em comum e podem, sobre esses pontos, verificar-se uma pela outra. Estabelecer entre a metafísica e a ciência uma diferença de dignidade, atribuir-lhes o mesmo objeto, isto é, o conjunto das coisas, estipulando que uma o olhará de baixo e a outra, de cima, é excluir a ajuda mútua e o controle recíproco: nesse caso, a metafísica é necessariamente – a menos que perca todo contato com o real – um extrato condensado ou uma extensão hipotética da ciência. Dêem-lhes, ao contrário, objetos diferentes, para a ciência a matéria e para a metafísica o espírito: como o espírito e a matéria se tocam, metafísica e ciência poderão, ao longo de toda a sua superfície comum, pôr-se mutuamente à prova com a esperança de que o contato vire fecundação. Os resultados obtidos de ambos os lados deverão se encontrar, já que a matéria encontra o espírito. Se a inserção não for perfeita é porque há algo a corrigir em nossa ciência, ou em nossa metafísica, ou em ambas. A metafísica exercerá assim, por sua parte periférica, uma influência salutar sobre a ciência. Inversamente, a ciência comunicará à metafísica hábitos de precisão que se propagarão, nesta, da periferia para o centro. Quando mais não seja porque suas extremidades terão de corresponder exatamente às da ciência positiva, nossa metafísica será a do mundo em que vivemos e não a de todos os mundos possíveis. Ela abraçará realidades.

P.M., 43-4.

20. Da filosofia à ciência

A verdade é que a filosofia não é uma síntese das ciências particulares e que se ela muitas vezes se coloca no terreno da ciência, se às vezes abarca numa visão mais simples os objetos de que a ciência se ocupa, não o faz intensificando a ciência, não o faz levando os resultados da ciência a um grau mais alto de generalidade. Não haveria lugar para dois modos de conhecer, filosofia e ciência, se a experiência não se apresentasse a nós sob dois aspectos diferentes: por um lado, sob forma de fatos que se justapõem a fatos, que se repetem aproximadamente, que se medem aproximadamente, que se desenrolam enfim no sentido da multiplicidade distinta e da espacialidade, e, por outro, sob forma de uma penetração recíproca que é pura duração, refratária à lei e à mensuração. Em ambos os casos, experiência significa consciência; mas, no primeiro, a consciência desabrocha fora e se exterioriza com relação a si mesma na exata medida em que percebe coisas exteriores umas às outras; no segundo, volta-se para si, recupera-se e se aprofunda. Sondando, assim, sua própria profundidade, penetra ela mais internamente na matéria, na vida e na realidade em geral? Seria algo contestável se a consciência tivesse sido acrescida à matéria como um acidente; mas acreditamos ter mostrado que tal hipótese, dependendo do ângulo por que é tomada, é absurda ou falsa, contraditória consigo mesma ou contradita pelos fatos. Seria contestável também se a consciência humana, embora aparentada a uma consciência mais vasta e mais elevada, tivesse sido posta de lado, e se o homem tivesse de se manter num canto da natureza como uma criança de castigo. Mas não! A matéria e a vida que enchem o mundo estão igualmente em nós; as forças que trabalham em todas as coisas, sentimo-las em nós; seja qual for a essência íntima do que existe e do que se faz, participamos dela. Desçamos então para o interior de nós mesmos: quanto mais profundo for o ponto que alcançarmos, mais forte será a força que nos reenviará para a superfície. A intuição filosófica é esse contato, a filosofia é esse elã. Trazidos de volta para fora por uma impulsão vinda do fundo, iremos ao encontro da ciência à proporção que nosso pensamento desabrochar dispersando-se. É preciso, pois, que a filosofia possa se conformar ao molde da ciência, e uma idéia de origem pretensamente intuitiva que, dividindo-se e subdividindo suas divisões, não conseguisse abarcar os fatos observados fora e as leis por meio das quais a ciência os liga entre si, que não fosse nem capaz de corrigir algumas generalizações e emendar certas observações, seria fantasia pura; não teria nada em comum com a intuição. Por outro lado, contudo, a idéia que consegue aplicar exatamente aos fatos e às leis essa dispersão de si mesma não foi obtida por uma unificação da experiência exterior; pois o filósofo não veio dar na unidade, partiu dela. Refiro-me, entenda-se bem, a uma unidade ao mesmo tempo restrita e relativa, como aquela que recorta um ser vivo no conjunto das coisas. O trabalho por meio do qual a filosofia parece assimilar os resultados da ciência positiva, assim como a operação no curso da qual uma filosofia dá a impressão de reunir em si os fragmentos das filosofias anteriores, não é uma síntese, é uma análise.

P.M., 136-8.

21. Da ciência à filosofia: a ciência moderna exige uma nova metafísica

Concluamos que nossa ciência não se distingue da ciência antiga apenas porque procura leis, nem mesmo porque suas leis enunciam relações entre grandezas. Deve-se acrescentar que a grandeza à qual gostaríamos de poder comparar todas as outras é o tempo, e que *a ciência moderna deve ser definida sobretudo por sua aspiração a tomar o tempo como variável independente...*

... Para os antigos, com efeito, o tempo é teoricamente negligenciável, porque a duração de uma coisa só manifesta a degradação de sua essência: é dessa essência imóvel que a ciência se ocupa. Não sendo a mudança mais que o esforço de uma Forma em direção à sua própria realização, a realização é tudo o que importa conhecer. É certo que essa realização nunca é completa: é o que a filosofia antiga exprime dizendo que não percebemos forma sem matéria. Mas se considerarmos o objeto cambiante num certo momento essencial, no seu apogeu, podemos dizer que ele *roça* sua forma inteligível. Dessa forma inteligível, ideal e, por assim dizer, limite, nossa ciência se apossa. E, a partir do momento em que possui assim a moeda de ouro, possui eminentemente essa moeda de troco que é a mudança. Esta é menos que ser. O conhecimento que a tomasse por objeto, supondo que ele fosse possível, seria menos que ciência.

Mas, para uma ciência que põe todos os instantes do tempo no mesmo plano, que não admite momento essencial, ponto culminante, apogeu, a mudança não é mais uma diminuição da essência, nem a duração uma diluição da eternidade. O fluxo do tempo torna-se agora a própria realidade, e o que se estuda são as coisas que escoam. É verdade que da realidade que flui limitamo-nos a tomar instantâneos. Mas, justamente por isso, o conhecimento científico deveria chamar por um outro, que o completasse. Enquanto a concepção antiga do conhecimento científico culminava em fazer do tempo uma degradação e da mudança a diminuição de uma Forma dada desde sempre, se levássemos até o fim a nova concepção, veríamos, ao contrário, no tempo um aumento progressivo do absoluto e na evolução das coisas uma invenção contínua de formas novas.

E.C., 335 e 343.

22. *Unidade última da ciência e da metafísica na intuição*

...VI. Mas a verdade é que nosso espírito pode seguir o caminho inverso. Pode se instalar na realidade móvel, adotar sua direção incessantemente mudadiça e por fim captá-la intuitivamente. Para isso, tem de violentar-se, inverter o sentido da operação por meio da qual pensa habitualmente, revirar, ou melhor, reconstruir incessantemente suas categorias. Mas desse modo chegará a conceitos fluidos, capazes de acompanhar a realidade em todas as suas sinuosidades e de adotar o próprio movimento da vida interior das coisas. Somente assim se constituirá uma filosofia progressiva, livre das disputas que ocorrem entre as escolas, capaz de resolver naturalmente os problemas porque terá se livrado dos termos artificiais que escolheram para formulá-los. *Filosofar consiste em inverter a direção habitual do trabalho do pensamento.*

VII. Essa inversão nunca foi praticada de maneira metódica; mas uma história aprofundada do pensamento humano mostraria que devemos a ela o que foi feito de mais importante nas ciências, bem como o que há de viável em metafísica. O mais poderoso dos métodos de investigação de que o espírito humano dispõe, a análise infinitesimal, nasceu dessa própria inversão. A matemática moderna é precisamente um esforço para substituir o *já feito* pelo *fazendo-se*, para seguir a geração das grandezas, para captar o movimento, não mais de fora e no seu resultado manifesto, mas de dentro e na sua tendência a mudar, enfim, para adotar a continuidade móvel do desenho das coisas. É verdade que ela se atém ao desenho, já que é apenas a ciência das grandezas. É verdade também que só conseguiu chegar às suas aplicações maravilhosas pela intervenção de certos símbolos, e que, embora a intuição de que acabamos de falar esteja na origem da invenção, é só o símbolo que intervém na aplicação. Mas a metafísica, que não visa a nenhuma aplicação, poderá e geralmente deverá se abster de converter a intuição em símbolo. Dispensada da obrigação de chegar a resultados utilizáveis na prática, ampliará indefinidamente o campo de suas investigações. Aquilo que tiver perdido em termos de utilidade e rigor, em comparação com a ciência, recuperará em alcance e extensão. Embora a matemática seja apenas a ciência das grandezas, embora os procedimentos matemáticos se apliquem somente a quantidades, não se deve esquecer que a quantidade é sempre qualidade em estado nascente: poder-se-ia dizer que é seu caso limite. Portanto, é natural que a metafísica adote, para estendê-la a todas as qualidades, isto é, à realidade em geral, a idéia geradora de nossa matemática. Isso não a levará de forma alguma à matemática universal, essa quimera da filosofia moderna. Muito pelo contrário, à medida que avançar no seu caminho, encontrará objetos mais intraduzíveis em símbolos. Mas terá pelo menos começado por tomar contato com a continuidade e a mobilidade do real ali onde esse contato é o mais maravilhosamente utilizável. Ter-se-á contemplado num espelho que lhe devolve uma imagem muito reduzida, sem dúvida, mas muito luminosa também dela mesma. Terá visto com uma clareza superior o que os procedimentos matemáticos tomam da realidade concreta, e continuará no sentido da realidade concreta, não no dos procedimentos matemáticos. Digamos, pois, tendo atenuado previamente o que a fórmula teria ao mesmo tempo de modesta e de ambiciosa demais, que *um dos objetivos da metafísica é operar diferenciações e integrações qualitativas.*

VIII. O que fez perder de vista esse objetivo e o que pôde enganar a própria ciência sobre a origem de certos procedimentos que ela usa foi que a intuição, uma vez capturada, tem de encontrar um modo de expressão e de aplicação que seja conforme aos hábitos de nosso pensamento e que nos forneça, em conceitos bem firmes, os pontos de apoio sólidos de que tanto precisamos. É essa a condição do que chamamos rigor, precisão, e também extensão indefinida de um método geral a casos particulares. Ora, essa extensão e esse trabalho de aperfeiçoamento lógico podem prosseguir durante séculos, ao passo que o ato gerador do método dura apenas um instante. É por isso que tantas vezes confundimos o aparelho lógico da ciência com a própria ciência, esquecendo a intuição de onde o resto saiu.

Do esquecimento dessa intuição procede tudo o que foi dito pelos filósofos e pelos próprios cientistas sobre a "relatividade" do conhecimento científico. *É relativo o conhecimento simbólico por conceitos preexistentes que vai do fixo ao movente, mas não o conhecimento intuitivo que se instala no movente e adota a própria vida das coisas.* Essa intuição alcança um absoluto.

A ciência e a metafísica encontram-se portanto na intuição. Uma filosofia verdadeiramente intuitiva realizaria a união tão desejada da metafísica com a ciência. Ao mesmo tempo que constituiria a metafísica em ciência positiva – quero dizer, progressiva e indefinidamente perfectível –, levaria as ciências positivas propriamente ditas a tomar consciência de seu verdadeiro alcance, em geral muito superior ao que elas imaginam. Poria mais ciência na metafísica e mais metafísica na ciência. Teria por resultado restabelecer a continuidade entre as intuições que as diversas ciências positivas obtiveram de tempos em tempos no curso de sua história, e que só obtiveram a golpes de gênio...

P.M., 213-7.

II. A MEMÓRIA OU OS GRAUS COEXISTENTES DA DURAÇÃO

a) Princípios da memória

23. Em que sentido a duração é memória

Nossa duração não é um instante que substitui outro instante: nesse caso, haveria sempre apenas presente, não haveria prolongamento do passado no atual, não haveria evolução, não haveria duração concreta. A duração é o progresso contínuo do passado que rói o porvir e incha à medida que avança. Uma vez que o passado cresce incessantemente, também se conserva indefinidamente. A memória... não é uma faculdade de classificar recordações numa gaveta ou de inscrevê-las num registro. Não há registro, não há gaveta, não há aqui, propriamente falando, sequer uma faculdade, pois uma faculdade se exerce de forma intermitente, quando quer ou quando pode, ao passo que a acumulação do passado sobre o passado prossegue sem trégua. Na verdade, o passado se conserva por si mesmo, automaticamente. Inteiro, sem dúvida, ele nos segue a todo instante: o que sentimos, pensamos, quisemos desde nossa primeira infância está aí, debruçado sobre o presente que a ele irá se juntar, forçando a porta da consciência que gostaria de deixá-lo de fora. O mecanismo cerebral é feito precisamente para recalcar a quase totalidade do passado no inconsciente e só introduzir na consciência o que for de natureza que esclareça a situação presente, que ajude a ação em preparação, que forneça, enfim, um trabalho *útil*[1]. Quando muito, algumas recordações de luxo conseguem passar de contrabando pela porta entreaberta. Estas, mensageiras do inconsciente, advertem-nos do que arrastamos atrás de nós sem sabê-lo. Mas, ainda que não tivéssemos uma idéia clara disso, sentiríamos vagamente que nosso passado continua presente. Com efeito, que somos, que é nosso *caráter*, senão a condensação da história que vivemos desde nosso nascimento, antes dele até, já que trazemos conosco disposições pré-natais? É certo que pensamos apenas com uma pequena parte de nosso passado; mas é com nosso passado inteiro, inclusive com nossa curvatura de alma original, que desejamos, queremos, agimos. Nosso passado, pois, manifesta-se-nos integralmente por seu ímpeto e na forma de tendência, embora apenas uma tênue parte dele se torne representação.

E.C., 4-5.

24. Colocamo-nos de saída no passado: a lembrança pura, para além da imagem

Trata-se de recuperar uma lembrança, de evocar um período de nossa história? Temos consciência de um ato *sui generis* pelo qual nos afastamos do presente para nos recolocarmos, primeiro no passado em geral e depois numa certa região do passado, trabalho de tenteios, análogo ao

1. Cf. textos 30, 37, 38 e 39.

ajuste de um aparelho fotográfico. Mas nossa lembrança continua em estado virtual; dispomo-nos assim apenas a recebê-la adotando a atitude apropriada. Pouco a pouco, ela aparece como uma névoa que se condensasse; de virtual, passa ao estado atual; e, à medida que seus contornos vão se desenhando e sua superfície vai ganhando cor, tende a imitar a percepção. Mas permanece atada ao passado por suas raízes profundas, e se, depois de realizada, não se ressentisse de sua virtualidade original, se, ao mesmo tempo que um estado presente, não fosse algo que contrasta com o presente, nunca a reconheceríamos como lembrança...

... A verdade é que jamais atingiremos o passado se não nos colocarmos nele de saída. Essencialmente virtual, o passado não pode ser apreendido por nós como passado a menos que sigamos e adotemos o movimento pelo qual ele se manifesta em imagem presente, emergindo das trevas para a luz do dia. Em vão se buscaria seu vestígio em algo de atual e já realizado: seria o mesmo que buscar a obscuridade na luz. Nisso consiste precisamente o erro do associacionismo: instalado no atual, esgota-se em vãos esforços para descobrir, num estado realizado e presente, a marca de sua origem passada, para distinguir a lembrança da percepção e para erigir em diferença de natureza o que ele condenou de antemão a ser apenas uma diferença de grandeza.

Imaginar não é *lembrar*. Uma lembrança, à medida que se atualiza, sem dúvida tende a viver numa imagem; mas a recíproca não é verdadeira, e a imagem pura e simples não me remeterá ao passado a menos que tenha sido de fato no passado que eu a tenha ido buscar, seguindo assim o progresso contínuo que a levou da obscuridade para a luz.

M.M., 148-50.

25. *Diferença de natureza entre percepção e lembrança*

Quanto mais refletirmos, menos entenderemos como a lembrança poderia alguma vez surgir que não fosse criando-se conjuntamente com a própria percepção. Ou o presente não deixa nenhum vestígio na memória, ou então ele se desdobra a cada instante, em seu próprio jorramento, em dois jatos simétricos, um dos quais cai para o passado ao passo que o outro se lança para o porvir. Este último, que chamamos percepção, é o único que nos interessa. Não temos o que fazer com a lembrança das coisas enquanto temos as próprias coisas. A consciência descarta essa lembrança como inútil e a reflexão teórica a considera inexistente. Assim nasce a ilusão de que a lembrança *sucede* à percepção.

Mas essa ilusão tem outra fonte, ainda mais profunda. Provém de que a lembrança reavivada, consciente, causa em nós a impressão de ser a própria percepção ressuscitando sob uma forma mais modesta, e nada mais que essa percepção. Entre a percepção e a lembrança haveria uma diferença de intensidade ou de grau, mas não de natureza. A percepção sendo definida como estado forte e a lembrança como estado fraco, a lembrança de uma percepção só podendo então ser essa percepção enfraquecida, parece-nos que a memória, para registrar uma percepção no inconsciente, tenha tido de esperar que a percepção se abrandasse em lembrança. É por isso que achamos que a lembrança de uma percepção não poderia se criar com essa percepção nem se desenvolver ao mesmo tempo que ela.

Mas a tese que faz da percepção presente um estado forte e da lembrança reavivada um estado fraco, que afirma que passamos dessa percepção a essa lembrança por via de diminuição, tem contra si a observação mais elementar. Mostramos isso num trabalho anterior. Tome uma sensação intensa e faça-a decrescer progressivamente até zero. Se entre a lembrança da sensação e a própria sensação houver apenas uma diferença de grau, a sensação irá se tornar lembrança antes de se extinguir. É certo que chega um momento em que você não consegue mais dizer se o que há é uma sensação fraca que você sente ou uma sensação fraca que imagina, mas o estado fraco nunca se torna a lembrança, mandada para o passado, do estado forte. Portanto, a lembrança é outra coisa.

A lembrança de uma sensação é coisa capaz de *sugerir* essa sensação, ou seja, de fazê-la renascer, fraca primeiro, mais forte em seguida, cada vez mais forte à medida que a atenção se fixa mais nela. Mas a lembrança é diferente do estado que sugere e é precisamente porque a sentimos por trás da sensação sugerida, como o hipnotizador por trás da alucinação provocada, que localizamos no passado a causa do que sentimos. A sensação, com efeito, é essencialmente atual e presente; mas a lembrança, que a sugere do fundo do inconsciente de onde ela mal emerge, apresenta-se com esse poder *sui generis* de sugestão que é a marca do que não existe mais, do que ainda queria ser. Mal a sugestão tocou a imaginação e a coisa sugerida se desenha em estado nascente, e é por isso que é tão difícil distinguir entre uma sensação fraca que sentimos e uma sensação fraca que rememoramos sem datá-la. Em nenhum grau, porém, a sugestão é o que ela sugere, a lembrança pura de uma sensação ou de uma percepção não é, em nenhum grau, a sensação ou a percepção elas mesmas. Caso contrário, teremos de dizer que a palavra do hipnotizador, para sugerir aos sujeitos adormecidos que eles têm na boca açúcar ou sal, já tem de ser ela mesma um pouco açucarada ou salgada...

... A lembrança aparece duplicando a cada instante a percepção, nascendo com ela, desenvolvendo-se ao mesmo tempo que ela e sobrevivendo a ela, precisamente porque é de outra natureza.

E.S., 131-3, 135.

26. Os graus da duração

Concentremo-nos, pois, no que temos de mais afastado do exterior e, ao mesmo tempo, de menos penetrado de intelectualidade. Procuremos, no mais profundo de nós mesmos, o ponto em que nos sentimos mais interiores à nossa própria vida. É na pura duração que voltamos a mergulhar então, uma duração em que o passado, sempre em andamento, se avoluma sem cessar de um presente absolutamente novo. Ao mesmo tempo, porém, sentimos esticar-se, até seu limite extremo, a mola de nossa vontade. Seria preciso que, por uma contração violenta de nossa personalidade sobre si mesma, apanhássemos nosso passado que escapa, para empurrá-lo, compacto e indiviso, num presente que ele criará ao nele se introduzir. Bem raros são os momentos em que nos recuperamos a nós mesmos a esse ponto: eles se confundem com nossas ações verdadeiramente livres. E nem mesmo então somos totalmente donos de nós mesmos. Nossa sensação da duração, ou seja, a coincidência de nosso eu consigo mesmo, admite gradações. Mas, quanto mais profunda a sensação e mais completa a coincidência, mais a vida onde elas nos recolocam absorve a intelectualidade, superando-a. Pois a inteligência tem por função essencial ligar o mesmo ao mesmo, e inteiramente adaptáveis ao campo da inteligência são só os fatos que se repetem. Ora, sobre os momentos reais da duração real a inteligência certamente age *a posteriori*, reconstituindo o novo estado com uma série de vistas dele tomadas de fora e que se assemelham tanto quanto possível ao já conhecido: nesse sentido, o estado contém intelectualidade "em potência", por assim dizer. Extrapola-a, no entanto, permanece incomensurável com ela, sendo indivisível e novo.

Distendamo-nos agora, interrompamos o esforço que empurra para o presente a maior parte possível do passado. Se a distensão fosse total, não haveria mais memória nem vontade: ou seja, nunca caímos nessa passividade absoluta, assim como tampouco podemos nos tornar totalmente livres. Mas, no limite, entrevemos uma existência feita de um presente que recomeçaria sem cessar – não haveria mais duração real, apenas o instantâneo que morre e renasce indefinidamente. Seria isso a existência da matéria? Não exatamente, sem dúvida, pois a análise a resolve em abalos elementares, os mais curtos dos quais são de uma duração muito ínfima, quase evanescente, mas não nula. Pode-se contudo presumir que a existência física tende para esse segundo sentido, assim como a existência psíquica tende para o primeiro.

No fundo da "espiritualidade", por um lado, e da "materialidade" com a intelectualidade, por outro, haveria portanto dois processos de direção oposta, e se passaria do primeiro para o segundo por via de inversão, quem sabe até de uma simples interrupção, se for verdade que inversão e interrupção são dois termos que devem ser tidos aqui por sinônimos, como mostraremos em detalhes um pouco mais adiante. Essa suposição se confirmará se considerarmos as coisas do ponto de vista da extensão e não mais apenas da duração.

Quanto mais tomamos consciência de nosso progresso na pura duração, mais sentimos as diversas partes de nosso ser entrarem umas nas outras e toda a nossa personalidade se concentrar num ponto, ou melhor, numa ponta, que se insere no porvir, encetando-o sem cessar. Nisso consistem a vida e a ação livres. Abandonemo-nos, ao contrário; em vez de agir, sonhemos. Imediatamente nosso eu se dispersa; nosso passado, que até então se contraía sobre si mesmo na impulsão indivisível que nos comunicava, decompõe-se em mil e uma lembranças que se exteriorizam umas com relação às outras. Estas desistem de se interpenetrar à medida que vão se enrijecendo mais. Nossa personalidade torna a descer assim na direção do espaço. Na sensação, aliás, ela o ladeia sem cessar. Não nos demoraremos aqui sobre um ponto que já aprofundamos em outro lugar. Limitemo-nos a lembrar que a extensão admite graus, que toda sensação é extensiva em certa medida e que a idéia de sensações inextensas, artificialmente localizadas no espaço, é uma simples construção mental, sugerida bem mais por uma metafísica inconsciente do que pela observação psicológica.

Nós, sem dúvida, damos apenas os primeiros passos na direção da extensão, mesmo quando nos abandonamos o máximo possível. Mas suponhamos, por um instante, que a matéria consista nesse mesmo movimento levado mais longe, e que o físico seja simplesmente o psíquico invertido. Seria compreensível, então, que o espírito se sinta tão à vontade e circule tão naturalmente no espaço, assim que a matéria lhe sugere a representação mais clara dele. Tinha a representação implícita desse espaço na própria sensação que extraía de sua eventual *distensão*, isto é, de sua *extensão* possível. Reencontra-o nas coisas, mas tê-lo-ia obtido sem elas se tivesse tido a imaginação poderosa o suficiente para levar até o fim a inversão de seu movimento natural. Por outro lado, assim se explicaria que a matéria acentue ainda mais sua materialidade sob o olhar do espírito. Começou ajudando este último a descer novamente a ladeira dela, deu-lhe o impulso. Mas, uma vez lançado, o espírito continua. A representação que forma do espaço puro não é mais que o *schêma* do termo a que esse movimento chegaria. Uma vez de posse da forma de espaço, serve-se dela como de uma rede de malhas que podem ser feitas e desfeitas ao bel-prazer, e que, jogada sobre a matéria, divide-a tal como as necessidades de nossa ação exigirem. Por isso, o espaço de nossa geometria e a espacialidade das coisas geram-se mutuamente pela ação e reação recíprocas de dois termos que são de mesma essência, mas que caminham em sentido inverso um do outro. Nem o espaço é tão estranho à nossa natureza quanto pensamos, nem a matéria é tão completamente extensa no espaço quanto nossa inteligência e nossos sentidos a imaginam.

E.C., 201-4.

27. A memória como coexistência virtual dos graus

Portanto, tudo acontece como se nossas lembranças se repetissem um número indefinido de vezes nessas mil e uma reduções possíveis de nossa vida passada. Adquirem uma forma mais banal quando a memória se estreita mais, mais pessoal quando se dilata, e dessa forma participam de uma quantidade ilimitada de "sistematizações" diferentes. Uma palavra de uma língua estrangeira, pronunciada ao meu ouvido, pode me fazer pensar nessa língua em geral ou em uma voz que a pronunciava outrora de certa maneira. Essas duas associações por semelhança não se devem à chegada acidental de duas representações diferentes que o acaso teria trazido sucessivamente para o campo de atração da percepção atual. Correspondem a duas *disposições* mentais diversas, a dois graus distintos de tensão da memória, aqui mais próxima da imagem pura, ali mais disposta à réplica imediata, ou seja, à ação. Classificar esses sistemas, procurar a lei que os une respectivamente aos diversos "tons" de nossa vida mental, mostrar como cada um desses tons está determinado pelas necessidades do momento e também pelo grau variável de nosso esforço pessoal, seria uma tarefa difícil: toda essa psicologia ainda está por fazer e, por ora, não queremos nem tentar. Mas cada um de nós sente perfeitamente que essas leis existem e que existem relações estáveis desse tipo. Ao ler um romance psicológico, por exemplo, sabemos que certas associações de idéias que nos descrevem são verdadeiras, que podem ter sido vividas; outras nos chocam ou não nos dão a impressão de realidade, porque sentimos nelas o efeito de uma proximidade mecânica entre estágios diferentes do espírito, como se o autor não tivesse conseguido se manter no plano da vida mental que escolheu. A memória tem, portanto, graus sucessivos e distintos de tensão ou de vitalidade, certamente difíceis de definir, mas que o pintor da alma não pode misturar impunemente. Aliás, a patologia vem confirmar – embora com exemplos grosseiros – uma verdade que todos conhecemos por instinto. Nas "amnésias sistematizadas" dos histéricos, por exemplo, as lembranças que parecem abolidas estão na verdade presentes; mas estão todas decerto ligadas a um determinado tom de vitalidade intelectual no qual o sujeito não consegue mais se situar.

M.M., 188-9.

28. Os graus da memória e a atenção

Concebemos sem dificuldade a percepção atenta como uma série de processos que avançariam ao longo de um único fio, o objeto excitando sensações, as sensações fazendo surgir diante delas idéias, cada idéia abalando pontos cada vez mais recuados da massa intelectual. Haveria portanto aí um andar em linha reta por meio do qual o espírito se afastaria cada vez mais do objeto para não mais voltar a ele. Afirmamos, ao contrário, que a percepção refletida é um *circuito* onde todos os elementos, inclusive o próprio objeto percebido, mantêm-se em estado de tensão mútua como num circuito elétrico, de sorte que nenhum abalo oriundo do objeto pode deter-se, no meio do caminho, nas profundezas do espírito: deve sempre retornar ao próprio objeto. Que não se veja nisso uma mera questão de palavras. São duas concepções radicalmente diferentes do trabalho intelectual. De acordo com a primeira, as coisas se passam mecanicamente e por uma série totalmente acidental de adições sucessivas. A cada momento de uma percepção atenta, por exemplo, elementos novos, que emanam de uma região mais profunda do espírito, poderiam juntar-se aos elementos antigos sem criar uma perturbação geral, sem exigir uma transformação do sistema. Na segunda, ao contrário, um ato de atenção implica tal solidariedade entre o espírito e seu objeto, é um circuito tão bem fechado, que não se poderia passar a estados de concentração superior sem criar um mesmo número de circuitos novos e completos que envolvem o primeiro e que só têm em comum entre si o objeto percebido. Desses diversos círculos da memória, que estudaremos detalhadamente mais adiante, o mais estreito, A, é o mais próximo da percepção imediata.

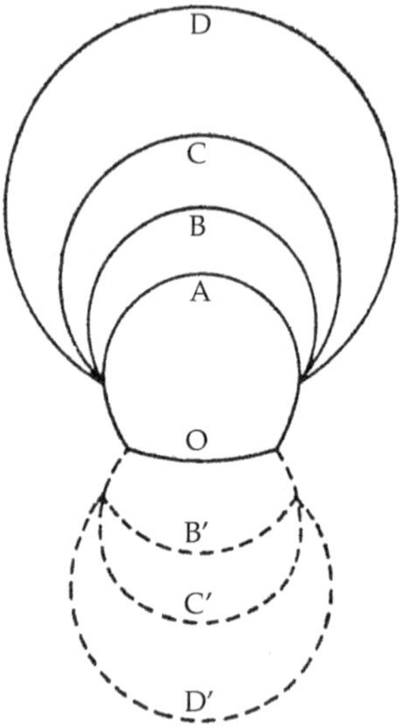

Figura 1

Contém apenas o próprio objeto O com a imagem consecutiva, que volta para cobri-lo. Atrás dele, os círculos B, C, D, cada vez mais amplos, correspondem a esforços crescentes de expansão intelectual. É a memória toda, como veremos, que entra em cada um desses circuitos, já que a memória está sempre presente; mas essa memória, que pode ser indefinidamente dilatada devido à sua elasticidade, reflete sobre o objeto um número crescente de coisas sugeridas – ora detalhes do próprio objeto, ora detalhes concomitantes que podem contribuir para esclarecê-lo. Assim, depois de ter reconstituído o objeto percebido, à maneira de um todo independente, reconstituímos com ele as condições cada vez mais longínquas com as quais ele forma um sistema. Chamemos B′, C′ e D′ essas causas de profundidade crescente, situadas atrás do objeto e virtualmente dadas com o próprio objeto. Nota-se que o progresso da atenção tem por efeito criar de novo, não só o objeto percebido, mas os sistemas cada vez mais amplos aos quais pode se vincular; de sorte que, à medida que os círculos B, C e D representam uma expansão mais elevada da memória, o reflexo deles atinge em B′, C′ e D′ camadas mais profundas da realidade.

A mesma vida psicológica se repetiria, pois, um número indefinido de vezes nos estágios sucessivos da memória, e o mesmo ato mental poderia se dar em várias alturas diferentes. No esforço de atenção, o espírito sempre se dá inteiro, mas se simplifica ou se complica conforme o nível que escolhe para realizar suas evoluções. Geralmente, é a percepção presente que determina a orientação de nosso espírito; mas, conforme o grau de tensão que nosso espírito adote, segundo a altura onde se coloque, essa percepção desenvolve em nós um número maior ou menor de lembranças-imagens.

Em outras palavras, enfim, as lembranças pessoais, exatamente localizadas e cuja série desenharia o curso de nossa existência passada, constituem, reunidas, o último e mais amplo invólucro de nossa memória. Essencialmente fugazes, só se materializam por acaso, seja porque uma determinação acidental precisa de nossa postura corporal as atraia, seja porque a própria indeterminação dessa postura deixa o campo livre para o capricho de sua manifestação. Mas esse invólucro extremo se restringe e se repete em círculos interiores e concêntricos, que, mais estreitos, suportam as mesmas lembranças diminuídas, cada vez mais afastadas de sua forma pessoal e original, cada vez mais capazes, em sua banalidade, de se aplicar à percepção presente e de determiná-la à maneira de uma espécie que engloba o indivíduo. Chega um momento em que a lembrança assim reduzida se encaixa tão bem na percepção presente que não se saberia dizer onde termina a percepção e onde começa a lembrança. Nesse momento preciso, a memória, em vez de fazer aparecer e desaparecer caprichosamente suas representações, regula-se pelos detalhes dos movimentos corporais.

M.M., 113-6.

b) Psicologia da memória

29. Movimento na direção da imagem

Mas interroguemos nossa consciência. Perguntemos a ela o que acontece quando escutamos as palavras de alguém com a intenção de compreendê-las. Esperamos passivos que as impressões saiam em busca de suas imagens? Não sentimos, antes, que nos pomos numa certa disposição, variável dependendo do interlocutor, variável dependendo da língua que ele fala, do tipo de idéias que exprime e sobretudo do movimento geral de sua frase, como se começássemos por regular o tom de nosso trabalho intelectual? O esquema motor, ao sublinhar as entonações de nosso interlocutor, ao acompanhar, de desvio em desvio, a curva de seu pensamento, indica o caminho para o nosso pensamento. Ele é o recipiente vazio que determina, por sua forma, a forma para a qual tende a massa fluida que nele se precipita.

Mas hesitarão em compreender assim o mecanismo da interpretação por causa da invencível tendência que nos leva a pensar, em qualquer ocasião, antes em *coisas* do que em *progressos*. Dissemos que partíamos da idéia e que a desenvolvíamos em lembranças-imagens auditivas capazes de se inserir no esquema motor para recobrir os sons ouvidos. Há nisso um progresso contínuo por meio do qual a nebulosidade da idéia se condensa em imagens auditivas distintas, que, ainda fluidas, terminarão por se solidificar em sua coalescência com os sons materialmente percebidos. Em nenhum momento se pode dizer com precisão onde a idéia ou a imagem-lembrança termina e onde começa a imagem-lembrança ou a sensação. Com efeito, onde está a linha de demarcação entre a confusão dos sons percebidos em massa e a clareza que as imagens auditivas rememoradas a eles acrescentam, entre a descontinuidade dessas próprias imagens rememoradas e a continuidade da idéia original que elas dissociam e refratam em palavras distintas? Mas o pensamento científico, ao analisar essa série ininterrupta de mudanças e cedendo a uma irresistível necessidade de figuração simbólica, detém e solidifica em coisas acabadas as principais fases dessa evolução. Erige os sons brutos ouvidos em palavras separadas e completas, e depois as imagens auditivas rememoradas em entidades independentes da idéia que elas desenvolvem: esses três termos, percepção bruta, imagem auditiva e idéia, vão, assim, formar totalidades distintas que se bastarão cada qual a si própria. E, embora, para se ater à experiência pura, era da idéia que se devia necessariamente ter partido, já que as lembranças auditivas devem a ela sua soldadura e já que os sons brutos, por sua vez, só se completam com as lembranças, não se vê nenhum inconveniente, depois de ter arbitrariamente completado o som bruto e também arbitrariamente soldado as lembranças todas juntas, em inverter a ordem natural das coisas, em afirmar que vamos da percepção às lembranças e das lembranças à idéia.

M.M., 134-6.

30. Por que a lembrança se torna imagem

De modo geral, *de direito*, o passado só retorna à consciência na medida em que possa ajudar a compreender o presente e a prever o porvir: é um batedor da ação. Tomamos o caminho errado quando estudamos as funções de representação em estado isolado, como se elas fossem em si mesmas seu próprio fim, como se fôssemos puros espíritos, ocupados em ver passar idéias e imagens. A percepção presente atrairia então para si uma lembrança similar, sem nenhuma segunda intenção utilitária, por nada, por prazer – pelo prazer de introduzir no mundo mental uma lei de atração análoga à que governa o mundo dos corpos. Certamente não contestamos a "lei da similaridade", mas, como observamos em outro lugar, duas idéias quaisquer e duas imagens tomadas ao acaso, por mais distantes que as suponhamos, sempre se parecerão por algum aspecto, porque sempre se encontrará um gênero comum no qual encaixá-las: de modo tal que qualquer percepção lembraria qualquer lembrança se houvesse apenas uma atração mecânica do semelhante pelo semelhante. A verdade é que, se uma percepção evoca uma lembrança, é para que as circunstâncias que precederam e acompanharam a situação passada e seguiram-se a ela lancem alguma luz sobre a situação atual e mostrem como sair dela. São possíveis milhares de evocações de lembranças por semelhança, mas a lembrança que tende a reaparecer é aquela que se parece com a percepção por um certo aspecto particular, aquele que pode esclarecer e dirigir o ato em preparação. E, a rigor, essa lembrança poderia até não se manifestar: bastaria que evocasse, sem ela própria se mostrar, as circunstâncias que se deram em contigüidade com ela, o que precedeu e o que se seguiu, em suma, o que importa saber para compreender o presente e antecipar o porvir. Poder-se-ia até pensar que nada de tudo isso se manifestasse na consciência e que só a conclusão aparecesse, ou seja, a sugestão precisa de um certo procedimento a adotar. É provavelmente assim que as coisas acontecem com a maioria dos animais. Porém, quanto mais a consciência se desenvolve, mais ela esclarece a operação da memória e mais, também, deixa transparecer a associação por semelhança, que é o meio, por trás da associação por contigüidade, que é o fim. Aquela, uma vez instalada na consciência, permite que um monte de lembranças que não passam de luxo se introduza em virtude de alguma semelhança, mesmo que desprovida de interesse atual: é o que explica que possamos sonhar um pouco enquanto agimos. Mas foram as necessidades da ação que determinaram as leis da evocação; só elas detêm as chaves da consciência, e as lembranças oníricas só se introduzem aproveitando-se do que há de vago, de mal definido, na relação de semelhança que dá a autorização para entrar. Resumindo, embora a totalidade de nossas lembranças exerça a todo instante uma pressão do fundo do inconsciente, a consciência atenta à vida só deixa passar, legalmente, aquelas que podem concorrer para a ação presente, embora muitas outras se insinuem por intermédio dessa condição geral de semelhança que foi inevitável formular.

E.S., 144-6.

31. O sonho

Mas, embora nosso passado permaneça quase inteiramente oculto para nós porque é inibido pelas necessidades da ação presente, irá recuperar a capacidade de transpor o limiar da consciência sempre que nos desinteressarmos da ação eficaz para nos instalarmos novamente, de alguma forma, na vida do sonho. O sono, natural ou artificial, provoca justamente uma despreocupação desse tipo. Recentemente, mostraram-nos, no sono, uma interrupção de contato entre os elementos nervosos sensoriais e motores. Mesmo que não nos detivéssemos nessa engenhosa hipótese, é impossível não ver no sono um relaxamento, ao menos funcional, da tensão do sistema nervoso, sempre pronto durante a vigília a prolongar a excitação recebida em reação apropriada. A "exaltação" da memória em certos sonhos e em certos estados sonambúlicos é um fato de observação banal. Lembranças que acreditávamos enterradas reaparecem então com uma exatidão impressionante; revivemos em todos os seus detalhes cenas de infância totalmente esquecidas; falamos línguas que nem lembrávamos mais de ter aprendido. Com relação a isso, porém, não há nada mais instrutivo do que o que ocorre em certos casos de brusca asfixia, nos afogados e enforcados. O sujeito, voltando à vida, declara ter visto desfilar diante de si, em pouco tempo, todos os acontecimentos esquecidos de sua história, com suas mais ínfimas circunstâncias e na própria ordem em que se produziram.

Um ser humano que *sonhasse* sua existência em vez de vivê-la certamente manteria o tempo todo diante dos olhos a multidão infinita dos detalhes de sua história passada. E aquele que, ao contrário, repudiasse essa memória com tudo o que ela gera *atuaria* o tempo todo sua existência em vez de se a representar verdadeiramente: autômato consciente, seguiria a propensão dos hábitos úteis que prolongam a excitação em reação apropriada. O primeiro jamais sairia do particular ou mesmo do individual. Dando a cada imagem sua data no tempo e seu lugar no espaço, veria em que ela *difere* das outras e não em que se parece com elas. O outro, ao contrário, sempre conduzido pelo hábito, só distinguiria numa situação o aspecto em que ela *se assemelha* praticamente a situações anteriores. Incapaz, sem dúvida, de *pensar* o universal, já que a idéia geral supõe a representação ao menos virtual de uma multidão de imagens rememoradas, seria contudo no universal que ele se moveria, o hábito sendo para a ação o que a generalidade é para o pensamento. Mas esses dois estados extremos, um de uma memória totalmente contemplativa que só apreende o singular na sua *visão*, o outro, de uma memória totalmente motora que imprime a marca da generalidade à sua *ação*, só se isolam e se manifestam plenamente em casos excepcionais. Na vida normal, penetram-se intimamente, abandonando assim, cada qual, algo de sua pureza original. O primeiro se traduz pela lembrança das diferenças, o segundo pela percepção das semelhanças: na confluência das duas correntes aparece a idéia geral.

M.M., 171-3.

32. A idéia geral

A essência da idéia geral é, com efeito, mover-se o tempo todo entre a esfera da ação e a da memória pura. Reportemo-nos, com efeito, ao *schêma* que já traçamos. Em S está a percepção atual que tenho de meu corpo, ou seja, de um certo equilíbrio sensório-motor. Sobre a superfície da base AB estarão dispostas, se quiserem, minhas lembranças em sua totalidade. No cone assim determinado, a idéia geral oscilará continuamente entre o vértice S e a base AB. Em S, ela adotaria a forma bem nítida de uma atitude corporal ou de uma palavra pronunciada; em AB, iria se revestir do aspecto, não menos nítido, das mil e uma imagens individuais nas quais viria se romper sua unidade frágil. E é por isso que uma psicologia que se limita ao *já pronto*, que só conhece *coisas* e ignora os *progressos*, só perceberá desse movimento as extremidades entre as quais ele oscila; fará coincidir a idéia geral, ora com a ação que a desempenha ou a palavra que a exprime, ora com as múltiplas imagens, em número indefinido, que são seu equivalente na memória. Mas a verdade é que a idéia geral nos escapa sempre que tentamos congelá-la em uma dessas duas extremidades. Ela consiste na dupla corrente que vai de uma para a outra – sempre prestes, quer a cristalizar-se em palavras pronunciadas, quer a evaporar em lembranças.

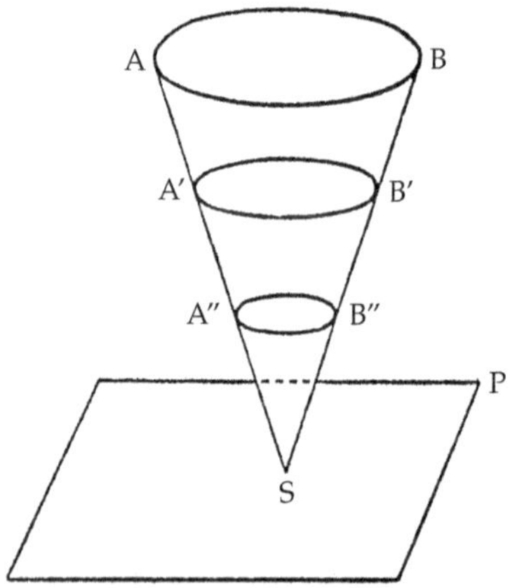

Figura 2

Isso significa que entre os mecanismos sensório-motores figurados pelo ponto S e a totalidade das lembranças dispostas em AB há lugar, como pressentíamos no capítulo anterior, para mil e uma repetições de nossa vida psicológica, figuradas por inúmeras seções A'B', A"B" etc. do mesmo cone. Tendemos a nos dispersar em AB à medida que nos desligamos mais de nosso estado sensorial e motor para viver a vida do sonho; tendemos a nos concentrar em S à medida que nos apegamos mais firmemente à realidade presente, respondendo com reações motoras a excitações sensoriais. Com efeito, o eu normal nunca se fixa em uma dessas posições extremas; move-se entre elas, adota sucessivamente as posições representadas pelas seções intermediárias, ou, em outras palavras, dá a suas representações o estritamente necessário em termos de imagem e o estritamente necessário em termos de idéia para que elas possam concorrer utilmente para a ação presente.

M.M., 180-1.

33. *O esquema*

... O *schêma* de que falamos não tem nada de misterioso ou de hipotético; não tem nada tampouco que possa chocar as tendências de uma psicologia acostumada, senão a resolver todas as nossas representações em imagens, ao menos a definir toda representação com relação a imagens, reais ou possíveis. É de fato em função de imagens reais ou possíveis que se define o esquema mental, tal como o concebemos em todo este estudo. Consiste numa *expectativa* de imagens, numa atitude intelectual destinada ora a preparar a chegada de uma certa imagem precisa, como no caso da memória, ora a organizar um jogo mais ou menos prolongado entre as imagens capazes de vir a nele se inserir, como no caso da imaginação criadora. Ele é, em estado aberto, o que a imagem é em estado fechado. Apresenta em termos de *devir*, dinamicamente, o que as imagens nos dão como *já feito*, em estado estático. Presente e atuante no trabalho de evocação das imagens, ele se dissipa e desaparece por trás das imagens depois que estas foram evocadas, tendo cumprido seu papel. A imagem de contornos fixos desenha o que foi. Uma inteligência que operasse apenas com imagens desse tipo só poderia recomeçar seu passado tal qual, ou tomar dele os elementos rígidos para recompô-los em outra ordem, por um trabalho de mosaico. Mas, para uma inteligência flexível, capaz de utilizar sua experiência passada encurvando-a conforme as linhas do presente, é preciso, além da imagem, uma representação de outra ordem sempre capaz de se realizar em imagens, mas sempre distinta delas. O esquema nada mais é que isso.

A existência desse esquema é, portanto, um fato e, ao contrário, é a redução de toda representação a imagens sólidas, calcadas no modelo dos objetos exteriores, que seria uma hipótese. Agreguemos que em nenhum lugar essa hipótese manifesta tão claramente sua insuficiência como na questão atual. Se as imagens constituem o todo de nossa vida mental, como o estado de concentração mental poderá se diferenciar do estado de dispersão intelectual? Será preciso supor que em certos casos elas se sucedem sem intenção comum e que, em outros, por uma sorte inexplicável, todas as imagens simultâneas e sucessivas se agrupam de maneira que dêem a solução cada vez mais aproximada de um único e mesmo problema. Dirão que não é sorte, que é a semelhança das imagens que faz com que elas se chamem umas às outras, mecanicamente, segundo a lei geral de associação? Mas, no caso do esforço intelectual, as imagens que se sucedem podem justamente não ter nenhuma similitude exterior entre si: sua semelhança é totalmente interna; é uma identidade de significação, uma mesma capacidade de resolver um certo problema com relação ao qual elas ocupam posições análogas ou complementares, a despeito de suas diferenças de forma concreta. Portanto, é preciso que o problema esteja representado no espírito e de uma forma totalmente outra que a de imagem. Imagem ele mesmo, evocaria imagens parecidas com ele e que se parecem entre si. Mas, como, ao contrário, seu papel é o de chamar e agrupar imagens segundo sua capacidade de resolver a dificuldade, tem de levar em conta essa capacidade das imagens e não sua forma exterior e aparente. É, portanto, um modo de representação diferente da representação por imagens, embora só possa se definir por referência a esta.

Em vão objetariam a dificuldade de conceber a ação do esquema sobre as imagens. A da imagem sobre a imagem é mais clara? Quando se diz que as imagens se atraem em razão de sua semelhança, vai-se além da constatação pura e simples do fato? O que pedimos é que não se desconsidere nenhuma parte da experiência. Além da influência da imagem sobre a imagem, há a atração ou a impulsão exercida sobre as imagens pelo esquema. Além do desenvolvimento do espírito num único plano, superficialmente, há o movimento do espírito que vai de um plano a outro, em profundidade. Além do mecanismo de associação, há o do esforço mental. As forças que trabalham em ambos os casos não diferem apenas pela intensidade; diferem pela direção. Quanto a saber *como* elas trabalham, é uma questão que não é da alçada apenas da psicologia: vincula-se ao problema geral e metafísico da causalidade. Entre a impulsão e a atração, entre a causa "eficiente" e a "causa final", há, acreditamos, algo de intermediário, uma forma de atividade de onde os filósofos tiraram por meio de empobrecimento e de dissociação, passando aos dois limites opostos e extremos, a idéia de causa eficiente, por um lado, e a de causa final por outro. Essa operação, que é a operação da vida, consiste numa passagem gradual do menos realizado ao mais realizado, do intensivo ao extensivo, de uma implicação recíproca das partes à sua justaposição. O esforço intelectual é algo desse gênero. Ao analisá-lo, cercamos tanto quanto pudemos, a partir do exemplo mais abstrato e, por conseguinte, também o mais simples, essa materialização crescente do imaterial que é característica da atividade vital.

E.S., 187-90.

c) O papel do corpo

34. O pensamento e o cérebro

O pensamento está orientado para a ação; e, quando não desemboca numa ação real, esboça uma ou várias ações virtuais, simplesmente possíveis. Essas ações reais ou virtuais, que são a projeção reduzida e simplificada do pensamento no espaço e que marcam suas articulações motoras, são o que está desenhado na substância cerebral. A relação do cérebro com o pensamento é, portanto, complexa e sutil. Se me pedissem para exprimi-la numa fórmula simples, necessariamente grosseira, eu diria que o cérebro é um órgão de pantomima, e apenas de pantomima. Seu papel é mimicar a vida do espírito, mimicar também as situações externas às quais o espírito tem de se adaptar. A atividade cerebral é para a atividade mental o que os movimentos da batuta do regente de orquestra são para a sinfonia. A sinfonia extrapola por todos os lados os movimentos que a escandem; a vida do espírito também excede a vida cerebral. Mas o cérebro, justamente porque extrai da vida do espírito tudo o que nela pode ser representado através de movimentos e materializado, justamente porque constitui o ponto de inserção do espírito na matéria, garante a todo instante a adaptação do espírito às circunstâncias, mantém o tempo todo o espírito em contato com realidades. Portanto, rigorosamente falando, ele não é órgão de pensamento ou de sentimento ou de consciência; mas faz com que consciência, sentimento e pensamento permaneçam aplicados à vida real e, conseqüentemente, capazes de ação eficaz. Digamos, se quiserem, que o cérebro é o órgão da *atenção para a vida*.

É por isso que basta uma ligeira modificação da substância cerebral para que todo o espírito pareça afetado. Falamos do efeito de certos tóxicos sobre a consciência e, de forma mais geral, da influência da doença cerebral sobre a vida mental. Nesses casos, é o próprio espírito que fica perturbado ou não seria, antes, o mecanismo da inserção do espírito nas coisas? Quando um louco delira, seu raciocínio pode estar de acordo com a lógica mais estrita: ao ouvir um paranóico falar, você poderia dizer que ele peca por excesso de lógica. Seu erro não está em raciocinar mal, mas em raciocinar longe da realidade, fora da realidade, como um homem que sonha. Suponhamos, como é bem possível, que a doença seja causada por uma intoxicação da substância cerebral. Não se deve pensar que o veneno tenha ido buscar o raciocínio nessa ou naquela célula do cérebro, nem, por conseguinte, que haja, nesse ou naquele ponto do cérebro, movimentos de átomos que correspondem ao raciocínio. Não, é provável que seja o cérebro todo que é afetado, assim como é a corda esticada toda que se distende e não essa ou aquela de suas partes, quando o nó foi malfeito. Mas, assim como basta um levíssimo relaxamento da amarra para que o barco se ponha a dançar sobre a onda, também uma modificação, ainda que mínima, da substância cerebral inteira poderá fazer com que o espírito, ao perder contato com o conjunto das coisas materiais em que geralmente se apóia, sinta a realidade fugir debaixo dele, titubeie e seja tomado de vertigem. Com efeito, é por um sentimento comparável à sensação de vertigem que a loucura começa em muitos casos. O doente fica desorientado. Dirá que os objetos materiais deixaram de ter para ele a solidez, o relevo ou a realidade que tinham antes. Um relaxamento da tensão, ou melhor, da atenção, com a qual o espírito se fixava na parte do mundo material com que lidava, eis, na verdade, o único resultado direto do distúrbio cerebral – sendo o cérebro o conjunto dos dispositivos que permitem ao espírito responder à ação das coisas por reações motoras, efetuadas ou simplesmente nascentes, cuja exatidão garante a perfeita inserção do espírito na realidade.

E.S., 47-9.

35. Lesões cerebrais

Os distúrbios da memória imaginativa que correspondem a lesões localizadas do córtex são sempre doenças do reconhecimento, seja do reconhecimento visual ou auditivo em geral (cegueira ou surdez psíquicas), seja do reconhecimento das palavras (cegueira verbal, surdez verbal etc.). Tais são, pois, os distúrbios que devemos examinar.

Mas, se nossa hipótese for correta, essas lesões do reconhecimento de modo algum decorrerão do fato de que as lembranças ocupavam a região lesada. Deverão prender-se a duas causas: ou nosso corpo não consegue mais adotar automaticamente, em presença da excitação vinda de fora, a atitude precisa por intermédio da qual se operaria uma seleção entre nossas lembranças, ou as lembranças não encontram mais no corpo um ponto de aplicação, um meio de se prolongar em ação. No primeiro caso, a lesão incidirá sobre os mecanismos que dão continuidade ao abalo registrado na forma de movimento automaticamente executado: a atenção não conseguirá mais ser fixada pelo objeto. No segundo, a lesão afetará os centros particulares do córtex que *preparam* os movimentos voluntários fornecendo-lhes o antecedente sensorial necessário e que são chamados, com ou sem razão, de centros da imaginação: a atenção não poderá mais ser fixada pelo sujeito. Mas, em ambos os casos, são movimentos atuais que serão lesados ou movimentos por vir que cessarão de ser preparados: não terá havido destruição de lembranças.

Ora, a patologia confirma essa previsão. Ela nos revela a existência de dois tipos absolutamente diversos de cegueira e surdez psíquicas, de cegueira e surdez verbais. No primeiro, as lembranças visuais ou auditivas ainda são evocadas, mas não podem mais ser aplicadas às percepções correspondentes. No segundo, a própria evocação das lembranças fica impedida.

M.M., 118-9.

36. *As doenças da memória*

Há um ponto sobre o qual todo o mundo concorda, o de que as doenças da memória das palavras são causadas por lesões do cérebro mais ou menos claramente localizáveis. Vejamos, pois, como esse resultado é interpretado pela doutrina que faz do pensamento uma função do cérebro, e, de forma mais geral, por aqueles que acreditam num paralelismo ou numa equivalência entre o trabalho do cérebro e o do pensamento.

Não há nada mais simples que a explicação deles. As lembranças estão aí, acumuladas no cérebro na forma de modificações imprimidas a um grupo de elementos anatômicos: se elas desaparecem da memória é porque os elementos anatômicos em que repousavam foram alterados ou destruídos. Falávamos há pouco de negativos fotográficos, de fonogramas: são essas as comparações que encontramos em todas as explicações cerebrais da memória; as impressões feitas por objetos exteriores subsistiriam no cérebro, tal como no filme sensibilizado ou no disco fonográfico. Um exame mais atento mostraria o quanto essas comparações são decepcionantes. Se minha lembrança visual de um objeto, por exemplo, fosse realmente uma impressão deixada por esse objeto no meu cérebro, eu jamais teria a lembrança de um objeto, teria milhares, milhões, pois o mais simples e o mais estável dos objetos muda de forma, de dimensão, de nuança, segundo o ponto de onde o percebo. Portanto, a menos que eu me condene a uma fixidez absoluta ao olhar para ele, a menos que meu olho se imobilize na sua órbita, incontáveis imagens, não superponíveis, irão se desenhar sucessivamente sobre minha retina e serão transmitidas a meu cérebro. Quanto mais caso se trate da imagem visual de uma pessoa, cuja fisionomia muda, cujo corpo é móvel, cujas roupas e o meio em que se encontra são diferentes a cada vez que a revejo. No entanto, é incontestável que minha consciência me apresenta uma imagem única, ou quase única, uma lembrança praticamente invariável do objeto ou da pessoa: prova evidente de que aqui ocorreu algo totalmente diferente de uma gravação mecânica. Poderia, aliás, dizer o mesmo da lembrança auditiva. A mesma palavra articulada por pessoas diferentes ou pela mesma pessoa em momentos diferentes, em frases diferentes, dá fonogramas que não coincidem entre si: como poderia a lembrança, relativamente invariável e única, do som da palavra ser comparada com um fonograma? Só essa consideração já bastaria para tornar suspeita a teoria que atribui as doenças da memória das palavras a uma alteração ou a uma destruição das próprias lembranças gravadas automaticamente pelo córtex cerebral.

Vejamos o que ocorre nessas doenças. Quando a lesão cerebral é grave e a memória das palavras é profundamente afetada, uma excitação mais ou menos forte, uma emoção, por exemplo, pode subitamente trazer de volta a lembrança que parecia perdida para sempre. Seria isso possível se a lembrança tivesse sido depositada na matéria cerebral alterada ou destruída? Pareceria, antes, que as coisas se passam como se o cérebro servisse para *recordar* a lembrança e não para conservá-la. O afásico torna-se incapaz de encontrar a palavra quando precisa dela; parece ficar dando voltas, não ter a capacidade esperada para se aproximar do ponto preciso; no campo psicológico, com efeito, o sinal exterior da capacidade é sempre a precisão. Mas a lembrança parece estar lá: às vezes, tendo substituído por perífrases a palavra que considerava desaparecida, o afásico fará entrar em uma delas a própria palavra. O que fraqueja nesse caso é o *ajustamento à situação* que o mecanismo cerebral deve garantir. Mais precisamente, o que é afetado é a faculdade de tornar a lembrança consciente esboçando de antemão os movimentos pelos quais a lembrança, se fosse consciente, se prolongaria em ato. Quando esquecemos um nome próprio, como fazemos para nos lembrar dele? Experimentamos todas as letras do alfabeto, uma depois da outra; primeiro as pronunciamos internamente; depois, se isso não bastar, as articulamos em voz alta; colocamo-nos, pois, sucessivamente, em todas as disposições motoras entre as quais será preciso escolher; uma vez encontrada a atitude desejada, o som da palavra buscada nela se introduz suavemente como se fosse num quadro preparado para recebê-lo. É essa mímica real ou virtual, efetuada ou esboçada, que o mecanismo cerebral deve garantir. E é sem dúvida ela que a doença afeta.

Reflitam agora no que se observa na afasia progressiva, isto é, nos casos em que o esquecimento das palavras se agrava cada vez mais. Em geral, as palavras desaparecem numa ordem determinada, como se a doença conhecesse a gramática: os nomes próprios são os primeiros a se eclipsar, depois os nomes comuns, seguidos dos adjetivos e, por fim, dos verbos. Num primeiro instante, isso pareceria confirmar a hipótese de uma acumulação de lembranças na substância cerebral. Os nomes próprios, os nomes comuns, os adjetivos e os verbos constituiriam camadas superpostas, por assim dizer, e a lesão afetaria essas camadas uma depois da outra. Sim, mas a doença pode decorrer das mais diversas causas, adotar as mais variadas formas, começar num ponto qualquer da região cerebral envolvida e progredir em qualquer direção: a ordem de desaparecimento das lembranças continua a mesma. Seria isso possível caso fossem as próprias lembranças que a doença atacasse? Portanto, esse fato deve ter outra explicação. Eis a explicação bem simples que lhes proponho. Em primeiro lugar, se os nomes próprios desaparecem antes dos nomes comuns, estes antes dos adjetivos e os adjetivos antes dos verbos, é porque é mais difícil lembrar-se de um nome próprio do que de um nome comum, de um nome comum do que de um adjetivo, de um adjetivo do que de um verbo: a função de recordar, com a qual o cérebro evidentemente colabora, terá portanto de se limitar a casos cada vez mais fáceis à medida que a lesão do cérebro se agrava. Mas de que depende a maior ou menor dificuldade da lembrança? E por que os verbos são, dentre todas as palavras, aquelas que temos menos dificuldade de evocar? Simplesmente porque os verbos exprimem ações e uma ação pode ser expressa por mímica. O verbo pode ser mimicado diretamente, o adjetivo só por intermédio do verbo que ele envolve, o substantivo pela dupla mediação do adjetivo que exprime um de seus atributos e do verbo implicado no adjetivo, o nome próprio pela tripla mediação do nome comum, do adjetivo e também do verbo. Portanto, à medida que vamos do verbo ao nome próprio, afastamo-nos cada vez mais da ação imediatamente imitável, encenável pelo corpo; um artifício cada vez mais complicado vai se tornando necessário para simbolizar em movimentos a idéia expressa pela palavra que se busca; e como é ao cérebro que compete a tarefa de preparar esses movimentos, como seu funcionamento diminui, se reduz, se simplifica quanto mais profundamente lesada estiver a região envolvida, não é de espantar que uma alteração ou uma destruição dos tecidos, que torne impossível a evocação dos nomes próprios ou dos nomes comuns, deixe subsistir a do verbo. Nesse caso bem como em outros, os fatos nos convidam a ver na atividade cerebral a mímica de um extrato da atividade mental e não um equivalente dessa atividade.

E.S., 51-5.

37. O que é o cérebro?

Basta comparar a estrutura do cérebro à da medula para se convencer de que há apenas uma diferença de complicação, e não uma diferença de natureza entre as funções do cérebro e a atividade reflexa do sistema medular. O que ocorre, de fato, na ação reflexa? O movimento centrípeto comunicado pela excitação reflete-se imediatamente, por intermédio das células nervosas da medula, num movimento centrífugo que determina uma contração muscular. Em que consiste, ademais, a função do sistema cerebral? O abalo periférico, em vez de se propagar diretamente para a célula motora da medula e imprimir ao músculo uma contração necessária, sobe primeiro para o encéfalo, depois volta a descer para as mesmas células motoras da medula que intervinham no movimento reflexo. O que foi que ele ganhou com esse desvio e o que foi buscar nas chamadas células sensitivas do córtex cerebral? Não compreendo e nunca compreenderei que ele vá buscar ali o miraculoso poder de se transformar em representação de coisa e, aliás, considero essa hipótese inútil, como veremos daqui a pouco. Mas o que entendo perfeitamente bem é que essas células das diversas regiões ditas sensoriais do córtex, células interpostas entre as arborizações terminais das fibras centrípetas e as células motoras da zona rolândica, permitam que o abalo recebido ganhe *à vontade* esse ou aquele mecanismo motor da medula espinhal e *escolha* assim seu efeito. Quanto mais se multiplicarem essas células interpostas, mais elas emitirão prolongamentos ameboides capazes, por certo, de se aproximarem uns dos outros de diversos modos, mais numerosas e mais variadas serão também as vias passíveis de se abrir diante de um mesmo abalo vindo da periferia e, conseqüentemente, haverá mais sistemas de movimento entre os quais uma mesma excitação deixará a escolha. Portanto, a nosso ver o cérebro não deve ser outra coisa senão uma espécie de central telefônica: seu papel é "dar linha" ou fazer com que seja aguardada. Não acrescenta nada ao que recebe; mas, como todos os órgãos de percepção enviam para ele seus últimos prolongamentos e todos os mecanismos motores da medula e do bulbo têm ali seus representantes titulares, ele constitui realmente um centro, onde a excitação periférica põe-se em contato com esse ou aquele mecanismo motor, escolhido e não mais imposto. Por outro lado, como uma enorme quantidade de vias motoras pode se abrir nessa substância, *todas juntas*, para um mesmo abalo vindo da periferia, esse abalo tem a faculdade de ali se dividir ao infinito e, por conseguinte, de se perder em incontáveis reações motoras, simplesmente nascentes. Por isso, o papel do cérebro é ora o de conduzir o movimento registrado a um órgão de reação escolhido, ora o de abrir para esse movimento a totalidade das vias motoras para que desenhe nelas todas as reações possíveis de que está prenhe e para que se analise a si mesmo ao se dispersar. Em outras palavras, o cérebro é a nosso ver um instrumento de análise no tocante ao movimento registrado e um instrumento de seleção no tocante ao movimento executado. Em ambos os casos, porém, seu papel se limita a transmitir e a dividir movimento. E nem nos centros superiores do córtex nem na medula os elementos nervosos trabalham tendo em vista o conhecimento: apenas esboçam de repente uma pluralidade de ações possíveis ou organizam uma delas.

Isso significa que o sistema nervoso nada tem de um aparelho que serviria para fabricar ou mesmo para preparar representações. Tem por função receber excitações, montar aparelhos motores e apresentar o maior número possível desses aparelhos para uma excitação dada. Quanto mais se desenvolve, mais numerosos e mais afastados se tornam os pontos do espaço que ele põe em contato com mecanismos motores cada vez mais complexos: assim cresce a latitude que dá à nossa ação e nisso consiste, justamente, sua perfeição crescente. No entanto, se o sistema nervoso está construído, de uma ponta à outra da série animal, tendo em vista uma ação cada vez menos necessária, não se deveria pensar que a percepção, cujo progresso se regula de acordo com o dele, está, também, toda ela orientada para a ação e não para o conhecimento puro? E, nesse caso, a riqueza crescente dessa própria percepção não deveria simbolizar simplesmente a parcela crescente de indeterminação que caracteriza as escolhas do ser vivo na sua conduta com relação às coisas? Partamos, portanto, dessa indeterminação como sendo o verdadeiro princípio.

M.M., 25-7.

38. Significação da percepção

Eis as imagens exteriores, em seguida meu corpo, e, finalmente, as modificações produzidas por meu corpo nas imagens circundantes. É fácil ver como as imagens exteriores influem sobre a imagem que chamo meu corpo: elas lhe transmitem movimento. Também é fácil ver como esse corpo influi sobre as imagens exteriores: ele lhes restitui movimento. Portanto, no conjunto do mundo material, meu corpo é uma imagem que atua como as outras imagens, recebendo e devolvendo movimento, com a única diferença, talvez, de que meu corpo parece escolher, em certa medida, a maneira de devolver o que recebe. Mas como meu corpo em geral e meu sistema nervoso em particular poderiam gerar toda ou parte de minha representação do universo? Quer digam que meu corpo é matéria, quer digam que é imagem, pouco importa a palavra. Se for matéria, faz parte do mundo material, e o mundo material, por conseguinte, existe em torno dele e fora dele. Se for imagem, essa imagem só poderá mostrar o que foi posto nela e, como, por hipótese, ela é a imagem apenas de meu corpo, seria absurdo querer tirar dela a de todo o universo. *Meu corpo, objeto destinado a mover objetos, é portanto um centro de ação; não poderia fazer nascer uma representação.*

Mas, se meu corpo é um objeto capaz de exercer uma ação real e nova sobre os objetos que o rodeiam, deve ocupar relativamente a eles uma situação privilegiada. Em geral, uma imagem qualquer influencia as outras imagens de uma maneira determinada, calculável até, em conformidade com as chamadas leis da natureza. Já que não terá de escolher, tampouco precisa explorar a região circunvizinha nem se exercitar previamente em várias ações simplesmente possíveis. A ação necessária irá se realizar por si só, na hora certa. Mas supus que o papel da imagem que chamo meu corpo era o de exercer sobre outras imagens uma influência real e, por conseguinte, decidir-se entre vários procedimentos materialmente possíveis. E, uma vez que esses procedimentos certamente lhe são sugeridos pela maior ou menor vantagem que possa tirar das imagens circundantes, é preciso que essas imagens desenhem de alguma maneira, sobre a face que voltam na direção de meu corpo, o partido que meu corpo poderá tirar delas. Com efeito, observo que a dimensão, a forma, até a cor dos objetos exteriores se modificam conforme meu corpo se aproxima ou se afasta deles, que a força dos cheiros, a intensidade dos sons aumentam e diminuem com a distância, em suma, que essa própria distância representa sobretudo a medida em que os corpos circundantes estão, de certa forma, garantidos contra a ação imediata de meu corpo. À medida que meu horizonte se amplia, as imagens que me rodeiam parecem se desenhar sobre um fundo mais uniforme e tornarem-se indiferentes para mim. Quanto mais estreito esse horizonte, mais os objetos que ele circunscreve se escalonam diversamente conforme a maior ou menor facilidade que meu corpo tem de tocá-los e movê-los. Portanto, devolvem ao meu corpo, tal como o faria um espelho, sua eventual influência; ordenam-se segundo as capacidades crescentes ou decrescentes de meu corpo. *Os objetos que cercam meu corpo refletem a ação possível de meu corpo sobre eles.*

M.M., 14-6.

39. A percepção e o corpo

Quando uma lesão dos nervos ou dos centros interrompe o trajeto do abalo nos nervos, a percepção diminui proporcionalmente. Isso deveria surpreender? O papel do sistema nervoso é utilizar esse abalo, convertê-lo em atitudes práticas, real ou virtualmente realizadas. Se, por um motivo ou outro, a excitação deixa de passar, seria estranho que a percepção correspondente ainda tivesse lugar, já que nesse caso essa percepção poria nosso corpo em contato com pontos do espaço que não a convidariam mais diretamente a fazer uma escolha. Seccionem o nervo óptico de um animal; o abalo que parte do ponto luminoso não é mais transmitido ao cérebro e, daí, aos nervos motores; o fio que ligava o objeto exterior aos mecanismos motores do animal, englobando o nervo óptico, rompeu-se: a percepção visual tornou-se, pois, impotente e é precisamente nessa impotência que consiste a inconsciência. Que a matéria possa ser percebida sem a colaboração de um sistema nervoso, sem órgãos dos sentidos, é algo que não é teoricamente inconcebível; mas é impossível na prática, porque uma percepção desse tipo não serviria para nada. Conviria para um fantasma, não para um ser vivo, isto é, ativo. Concebe-se o corpo vivo como um império dentro de um império, o sistema nervoso como um ser à parte, cuja principal função seria elaborar percepções e em seguida criar movimentos. A verdade é que meu sistema nervoso, interposto entre os objetos que abalam meu corpo e aqueles que eu poderia influenciar, desempenha o papel de um simples condutor, que transmite, distribui ou inibe movimento. Esse condutor está composto de uma enorme quantidade de fios estendidos da periferia para o centro e do centro para a periferia. Existe a mesma quantidade de fios que vão da periferia para o centro e de pontos do espaço capazes de solicitar minha vontade e de fazer, por assim dizer, uma pergunta elementar à minha atividade motora: cada pergunta feita é justamente o que se chama percepção. Por isso, a percepção perde um de seus elementos cada vez que um dos chamados fios sensitivos é cortado, porque então alguma parte do objeto exterior torna-se impotente para solicitar a atividade, e também cada vez que se contrai um hábito estável, porque dessa vez a réplica já pronta torna a pergunta inútil. O que desaparece em ambos os casos é a aparente reflexão do abalo sobre ele mesmo, o retorno da luz à imagem de onde ela parte, ou antes, essa dissociação, esse *discernimento* que faz com que a percepção se separe da imagem. Pode-se portanto dizer que o detalhe da percepção molda-se exatamente de acordo com o dos chamados nervos sensitivos, mas que a percepção, em seu conjunto, tem sua verdadeira razão de ser na tendência do corpo a se mover.

M.M., 42-4.

40. A percepção e a afeição

É preciso olhar as coisas mais de perto e entender corretamente que a necessidade da afeição decorre da própria existência da percepção. A percepção, tal como a entendemos, mede nossa ação possível sobre as coisas e, por isso, inversamente, a ação possível das coisas sobre nós. Quanto maior a capacidade de agir do corpo (simbolizada por uma complicação superior do sistema nervoso), mais vasto o campo que a percepção abarca. Portanto, a distância que separa nosso corpo de um objeto percebido mede realmente a maior ou menor iminência de um perigo, o cumprimento mais ou menos próximo de uma promessa. E, conseqüentemente, nossa percepção de um objeto distinto de nosso corpo, separado de nosso corpo por um intervalo, nunca exprime outra coisa senão uma ação virtual. Contudo, quanto mais diminui a distância entre esse objeto e nosso corpo, quanto mais, em outras palavras, o perigo se torna urgente e a promessa imediata, mais a ação virtual tende a se transformar em ação real. Vá agora ao limite, suponha que a distância se torne nula, ou seja, que o objeto a perceber coincida com nosso corpo, ou seja, em suma, que nosso próprio corpo seja o objeto a ser percebido. Então, não é mais uma ação virtual, mas uma ação real que essa percepção muito especial exprimirá: o afeto consiste exatamente nisso. Nossas sensações são, portanto, para nossas percepções o que a ação real de nosso corpo é para sua ação possível ou virtual. Sua ação virtual concerne aos outros objetos e se desenha nesses objetos; sua ação real concerne a ele mesmo e, por conseguinte, se desenha nele. Em suma, tudo se passará como se, por um verdadeiro retorno das ações reais e virtuais a seus pontos de aplicação ou de origem, as imagens exteriores fossem refletidas por nosso corpo no espaço que o cerca, e as ações reais detidas por ele no interior de sua substância. E é por isso que sua superfície, limite comum ao exterior e ao interior, é a única porção da extensão que é ao mesmo tempo percebida e sentida.

Isso sempre significa que minha percepção está fora de meu corpo e meu afeto, ao contrário, dentro do meu corpo. Assim como os objetos exteriores são percebidos por mim ali onde estão, neles e não em mim, meus estados afetivos são sentidos ali onde se produzem, isto é, num ponto determinado de meu corpo. Considerem o sistema de imagens que se chama mundo material. Meu corpo é uma delas. Em torno dessa imagem dispõe-se a representação, isto é, sua eventual influência sobre as outras. Nela se produz o afeto, ou seja, seu esforço atual sobre si própria. Essencialmente, é essa a diferença que cada um de nós estabelece naturalmente, espontaneamente, entre uma imagem e uma sensação. Quando dizemos que a imagem existe fora de nós, queremos dizer que é exterior ao nosso corpo. Quando falamos da sensação como sendo um estado interior, queremos dizer que surge no nosso corpo. E é por isso que afirmamos que a totalidade das imagens percebidas subsiste, mesmo que nosso corpo desapareça, ao passo que não podemos suprimir nosso corpo sem fazer desaparecer nossas sensações.

M.M., 57-9.

41. Como a memória se insere na percepção

De fato, não há percepção que não esteja impregnada de lembranças. Aos dados imediatos e presentes de nossos sentidos misturamos milhares de detalhes de nossa experiência passada. Em geral, essas lembranças deslocam nossas percepções reais, das quais não conservamos então mais que algumas indicações, simples "sinais" destinados a nos lembrar antigas imagens. É esse o preço da comodidade e da rapidez da percepção; mas é também daí que nascem as ilusões de todo tipo. Nada impede substituir essa percepção, toda penetrada de nosso passado, pela percepção que teria uma consciência adulta e formada, mas encerrada no presente, e absorta, com exclusão de qualquer outro trabalho, na tarefa de se moldar ao objeto exterior. Dirão que levantamos uma hipótese arbitrária e que essa percepção ideal, obtida pela eliminação dos acidentes individuais, já não corresponde à realidade? Mas esperamos mostrar precisamente que os acidentes individuais estão enxertados nessa percepção impessoal, que essa percepção está na própria base de nosso conhecimento das coisas e que é por tê-la ignorado, por não ter distinguido entre o que a memória acrescenta a ela ou dela retira, que se fez da percepção inteira uma espécie de visão interior e subjetiva, que diferiria da lembrança apenas por sua maior intensidade. Portanto, esta será nossa primeira hipótese. Mas ela acarreta naturalmente outra. Com efeito, por mais curta que se suponha ser uma percepção, ela sempre ocupa uma certa duração e exige, por conseguinte, um esforço da memória, que prolonga uns nos outros uma pluralidade de momentos. Como tentaremos mostrar, mesmo a "subjetividade" das qualidades sensíveis consiste sobretudo numa espécie de contração do real, operada por nossa memória. Em suma, a memória nessas duas formas, quando recobre com uma camada de lembranças um fundo de percepção imediata e também quando contrai uma multiplicidade de momentos, constitui a principal contribuição da consciência individual para a percepção, o lado subjetivo de nosso conhecimento das coisas...

M.M., 30-1.

42. *A percepção tal como é penetrada de memória*

Na realidade, não há um ritmo único da duração; podem-se imaginar muitos ritmos diferentes, que, mais lentos ou mais rápidos, mediriam o grau de tensão ou de relaxamento das consciências e, assim, fixariam seus respectivos lugares na série dos seres. Essa representação de durações com elasticidade desigual talvez seja penosa para nosso espírito, que contraiu o hábito útil de substituir a duração verdadeira, vivida pela consciência, por um tempo homogêneo e independente; mas, em primeiro lugar, é fácil, como mostramos, desmascarar a ilusão que torna tal representação penosa e, em segundo, essa idéia conta, no fundo, com o consentimento tácito de nossa consciência. Não nos acontece perceber em nós mesmos, durante o sono, duas pessoas contemporâneas e distintas, uma das quais dorme alguns minutos ao passo que o sonho da outra ocupa dias e semanas? E a história inteira não caberia num tempo muito curto para uma consciência mais tensa que a nossa, que assistiria ao desenvolvimento da humanidade contraindo-o, por assim dizer, em grandes fases de sua evolução? Em suma, perceber consiste em condensar períodos enormes de uma existência infinitamente diluída em alguns momentos mais diferenciados de uma vida mais intensa, e em resumir assim uma história muito longa. Perceber significa imobilizar.

Equivale a dizer que, no ato da percepção, apreendemos algo que vai além da própria percepção, sem que no entanto o universo material se diferencie ou se distinga essencialmente da representação que temos dele. Em certo sentido, minha percepção me é efetivamente interior, já que contrai num momento único de minha duração o que, em si, se distribuiria por um número incalculável de momentos. Contudo, se você suprimir minha consciência, o universo material subsistirá tal qual era: com a ressalva de que, como foi feita abstração desse ritmo particular de duração que era a condição de minha ação sobre as coisas, essas coisas retornam a si mesmas para se escandir em quantos momentos a ciência distinguir nelas, e as qualidades sensíveis, sem desaparecer, estendem-se e diluem-se numa duração incomparavelmente mais dividida. A matéria resolve-se assim em inumeráveis abalos, todos ligados numa continuidade ininterrupta, todos solidários entre si e que se espalham em todos os sentidos como estremecimentos. –Volte a ligar uns aos outros, em uma palavra, os objetos descontínuos de sua experiência diária; resolva em seguida a continuidade imóvel de suas qualidades em abalos locais; ligue-se a esses movimentos desvencilhando-se do espaço divisível que os subtende para considerar apenas sua mobilidade, esse ato indiviso que a sua consciência apreende nos movimentos que você mesmo executa: você obterá da matéria uma visão talvez cansativa para a sua imaginação, mas pura e livre do que as exigências da vida fazem você acrescentar a ela na percepção exterior. – Restabeleça agora minha consciência e, com ela, as exigências da vida: a grandes intervalos e transpondo a cada vez enormes períodos da história interior das coisas, vistas quase instantâneas serão tomadas, vistas dessa vez pitorescas, cujas cores mais nítidas condensam uma infinidade de repetições e de mudanças elementares. É assim que as mil e uma posições sucessivas de um corredor se contraem numa única atitude simbólica, que nosso olho percebe, que a arte reproduz e que se torna, para todo o mundo, a imagem de um homem correndo. O olhar que lançamos à nossa volta, momento após momento, só apreende portanto os efeitos de uma multidão de repetições e de evoluções interiores, efeitos por isso mesmo descontínuos e cuja continuidade restabelecemos pelos movimentos relativos que atribuímos a "objetos" no espaço. A mudança está por toda parte, mas em profundidade; nós a localizamos aqui e acolá, mas na superfície; e constituímos assim corpos ao mesmo tempo estáveis quanto a suas qualidades e móveis quanto a suas posições, uma simples mudança de lugar contraindo em si, a nossos olhos, a transformação universal.

M.M., 232-4.

43. A percepção como grau extremo da memória

Mas como o passado, que, por hipótese, cessou de ser, poderia conservar-se por si mesmo? Não há aí uma verdadeira contradição? – Respondemos que a questão consiste precisamente em saber se o passado deixou de existir ou se ele simplesmente deixou de ser útil. Você define arbitrariamente o presente como *o que existe,* quando o presente é simplesmente *o que se faz.* Nada *existe* menos que o momento presente, se entender por isso esse limite indivisível que separa o passado do porvir. Quando pensamos esse presente como devendo existir, ele ainda não existe; e, quando o pensamos como existente, ele já passou. Se, ao contrário, você considerar o presente concreto e realmente vivido pela consciência, pode-se dizer que esse presente consiste em grande parte no passado imediato. Na fração de segundo que dura a mais curta percepção possível de luz, ocorreram trilhões de vibrações, a primeira das quais está separada da última por um intervalo enormemente dividido. Sua percepção, por mais instantânea que seja, consiste portanto numa incalculável quantidade de elementos rememorados e, na verdade, toda percepção já é memória. *Na prática, percebemos apenas o passado,* sendo o presente puro o inapreensível avanço do passado roendo o porvir.

Portanto, a consciência ilumina com seu brilho, a todo momento, essa parte imediata do passado que, debruçada sobre o porvir, trabalha para realizá-lo e agregá-lo a si. Preocupada unicamente em determinar assim um porvir indeterminado, poderá espalhar um pouco de sua luz sobre aqueles de nossos estados mais recuados no passado que poderiam se organizar de modo útil com nosso estado presente, ou seja, com nosso passado imediato; o resto permanece obscuro. É nessa parte iluminada de nossa história que ficamos instalados, em virtude da lei fundamental da vida que é uma lei de ação: daí a nossa dificuldade de conceber lembranças que se conservariam na sombra. Nossa aversão a admitir a sobrevivência integral do passado decorre portanto da própria orientação de nossa vida psicológica, verdadeiro desenrolar de estados em que nos interessa olhar o que se desenrola e não o que está totalmente desenrolado.

Desse modo, depois de um longo desvio, voltamos ao nosso ponto de partida. Há, dizíamos, duas memórias profundamente distintas: uma, fixada no organismo, não é outra coisa senão o conjunto dos mecanismos inteligentemente montados que garantem uma réplica adequada às diversas interpelações possíveis. Ela faz com que nos adaptemos à situação presente e que as ações sofridas por nós se prolonguem por si mesmas em reações, ora realizadas, ora simplesmente nascentes, mas sempre mais ou menos apropriadas. Hábito mais que memória, ela atua em nossa experiência passada, mas não evoca sua imagem. A outra é a memória verdadeira. Coextensiva à consciência, retém e alinha uns após outros todos os nossos estados à medida que se produzem, reservando para cada fato seu lugar e, por conseguinte, marcando-lhe sua data, movendo-se realmente no passado definitivo e não, como a primeira, num presente que recomeça incessantemente. Porém, ao distinguir profundamente essas duas formas de memória, não havíamos mostrado o que as liga. Acima do corpo, com seus mecanismos que simbolizam o esforço acumulado das ações passadas, a memória que imagina e que repete pairava, suspensa no vazio. No entanto, se nunca percebemos outra coisa senão nosso passado imediato, se nossa consciência do presente já é memória, os dois termos que tínhamos separado num primeiro momento irão soldar-se intimamente. Considerado desse novo ponto de vista, com efeito, nosso corpo não é outra coisa senão a parte invariavelmente renascente de nossa representação, a parte sempre presente, ou melhor, aquela que a todo momento acaba de passar. Imagem ele mesmo, esse corpo não pode armazenar as imagens uma vez que faz parte das imagens; e é por isso que é quimérico o intuito de querer localizar as percepções passadas, ou mesmo presentes, no cérebro: elas não estão nele; é ele que está nelas. Mas essa imagem tão particular, que persiste no meio das outras e que chamo meu corpo, constitui a cada instante, como dizíamos, um corte transversal do universal devir. É portanto o *lugar de passagem* dos movimentos recebidos e enviados, o traço-de-união entre as coisas que agem sobre mim e as coisas sobre as quais ajo, a sede, numa palavra, dos fenômenos sensório-motores...

... A memória do corpo, constituída pelo conjunto dos sistemas sensório-motores que o hábito organizou, é portanto uma memória quase instantânea para a qual a verdadeira memória do passado serve de base. Como elas não constituem duas coisas separadas, como a primeira é, dizíamos, apenas a ponta móvel inserida pela segunda no plano movente da experiência, é natural que essas duas funções se apóiem mutuamente. Por um lado, com efeito, a memória do passado apresenta para os mecanismos sensório-motores todas as lembranças capazes de guiá-los em sua tarefa e de dirigir a reação motora no sentido sugerido pelas lições da experiência: nisso consistem precisamente as associações por contigüidade e por similitude. Mas, por outro lado, os aparelhos sensório-motores fornecem às lembranças impotentes, ou seja, inconscientes, o meio de ganhar um corpo, de se materializar, de se tornarem presentes, em suma. Para que uma lembrança reapareça na consciência é efetivamente preciso que ela desça das alturas da memória pura até o ponto preciso em que se realiza a *ação*. Em outras palavras, é do presente que parte o apelo a que a lembrança responde e é dos elementos sensório-motores da ação presente que a lembrança empresta o calor que dá vida.

M.M., 166-70.

III. A VIDA OU A DIFERENCIAÇÃO DA DURAÇÃO

a) O movimento da vida

44. O elã vital
Movimento da duração que se diferencia

O movimento evolutivo seria coisa simples, determinaríamos rapidamente sua direção se a vida descrevesse uma trajetória única, comparável à de uma bala maciça lançada por um canhão. Mas lidamos aqui com um obus que imediatamente explodiu em fragmentos, os quais, sendo eles mesmos uma espécie de obus, explodiram por sua vez em fragmentos destinados a explodir também e assim por diante, durante muitíssimo tempo. Percebemos somente o que está mais perto de nós, os movimentos dispersos dos fragmentos pulverizados. É partindo deles que devemos remontar, gradualmente, até o movimento original.

Quando o obus explode, sua fragmentação particular explica-se ao mesmo tempo pela força explosiva da pólvora que ele contém e pela resistência que o metal lhe opõe. O mesmo se aplica à fragmentação da vida em indivíduos e espécies. Esta, cremos, prende-se a duas séries de causas: a resistência que a vida sofre por parte da matéria bruta e a força explosiva – devida a um equilíbrio instável de tendências – que a vida traz em si.

A resistência da matéria bruta é o obstáculo que foi preciso contornar primeiro. A vida parece tê-lo conseguido à força de humildade, fazendo-se muito pequena e muito insinuante, tergiversando com as forças físicas e químicas, consentindo até em percorrer com elas parte do caminho, como a agulha da via férrea quando adota por alguns instantes a direção do trilho de que quer se soltar. Dos fenômenos observados nas formas mais elementares da vida não se sabe dizer se são ainda físicos e químicos ou se já são vitais. Foi preciso que a vida entrasse assim nos hábitos da matéria bruta para arrastar pouco a pouco para uma outra via essa matéria magnetizada. As formas animadas que apareceram primeiro foram portanto de uma extrema simplicidade. Eram sem dúvida pequenas massas de protoplasma quase indiferenciado, comparáveis, por fora, às amebas que observamos hoje, mas acrescidas do fantástico ímpeto interior que iria guindá-las até às formas superiores da vida. Que em virtude desse ímpeto os primeiros organismos tenham procurado crescer o máximo possível é algo que nos parece provável: mas a matéria organizada tem um limite de expansão que é rapidamente atingido. Prefere duplicar-se a crescer além de um certo ponto. Foram decerto precisos séculos de esforço e prodígios de sutileza para que a vida contornasse esse novo obstáculo. Conseguiu que um número crescente de elementos, prontos para se duplicar, permanecessem unidos. Pela divisão do trabalho, estabeleceu entre eles um vínculo indissolúvel. O organismo complexo e quase descontínuo funciona tal como o faria uma massa viva contínua que tivesse simplesmente crescido.

Mas as verdadeiras e profundas causas de divisão eram aquelas que a vida trazia em si. Pois a vida é tendência e a essência de uma tendência é desenvolver-se em forma de feixe, criando, pelo simples fato de seu crescimento, direções divergentes entre as quais seu elã irá dividir-se. É o que observamos em nós mesmos na evolução dessa tendência especial que chamamos nosso caráter. Cada um de nós, ao passar uma vista d'olhos retrospectiva por sua história, constatará que sua personalidade de criança, embora indivisível, reunia nela pessoas diversas que podiam permanecer fundidas entre si porque estavam em estado nascente: essa indecisão cheia de promessas é inclusive um dos maiores encantos da infância. Mas as personalidades que se interpenetram tornam-se incompatíveis ao crescer e, como cada um de nós vive uma vida só, é forçoso fazer uma escolha. Na verdade, escolhemos sem cessar e também sem cessar abandonamos muitas coisas. A estrada que percorremos no tempo está juncada dos restos de tudo o que começamos a ser, de tudo o que poderíamos ter nos tornado. Mas a natureza, que dispõe de um número incalculável de vidas, não está adstrita a semelhantes sacrifícios. Conserva as diversas tendências que bifurcaram ao crescer. Cria, com elas, séries divergentes de espécies que evoluirão separadamente.

E.C., 99-101.

45. *Exemplo: a planta e o animal*

Agora, que a célula animal e a célula vegetal derivam de um tronco comum, que os primeiros organismos vivos tenham oscilado entre a forma vegetal e a forma animal, participando de ambas ao mesmo tempo, não é algo que nos pareça duvidoso. Acabamos, com efeito, de ver que as tendências características da evolução dos dois reinos, embora divergentes, coexistem ainda hoje, tanto na planta como no animal. É só a proporção que difere. Em geral, uma das duas tendências encobre ou esmaga a outra, mas, em circunstâncias excepcionais, esta última se liberta e recupera o espaço perdido. A mobilidade e a consciência da célula vegetal não estão tão adormecidas a ponto de não poderem despertar quando as circunstâncias permitem ou exigem. E, por outro lado, a evolução do reino animal foi incessantemente retardada, detida ou retrogradada pela tendência à vida vegetativa que conservou. Por mais plena, por mais transbordante que possa, com efeito, parecer a atividade de uma espécie animal, o torpor e a inconsciência espreitam-na. Só mantém seu papel mediante um esforço, ao preço de uma fadiga. Ao longo da estrada pela qual o animal evoluiu, desfalecimentos sem conta se produziram, decaimentos vinculados em sua maioria a hábitos parasitários; são todos encarrilhamentos na via da vida vegetativa. Portanto, tudo nos leva a supor que o vegetal e o animal descendem de um ancestral comum que reunia, em estado nascente, as tendências de ambos.

Mas as duas tendências que se implicavam reciprocamente sob essa forma rudimentar dissociaram-se ao crescer. Daí provém o mundo das plantas com sua fixidez e sua insensibilidade, daí provêm os animais com sua mobilidade e sua consciência. Aliás, para explicar esse desdobramento, não é preciso fazer intervir uma força misteriosa. Basta notar que o ser vivo vai naturalmente para o que lhe é mais cômodo e que vegetais e animais optaram, cada um por seu lado, por dois tipos diferentes de comodidade na maneira de obter o carbono e o azoto de que necessitavam. Os primeiros tiram, contínua e maquinalmente, esses elementos de um meio que os fornece sem cessar. Os segundos, mediante uma ação descontínua, concentrada em alguns instantes, consciente, vão buscar esses corpos em organismos que já os fixaram. São duas maneiras diferentes de entender o trabalho ou, se preferirem, a preguiça. Por isso, parece-nos duvidoso que se venha algum dia a descobrir na planta elementos nervosos, por mais rudimentares que se os suponha. O que nela corresponde à vontade diretriz do animal é, cremos, a direção em que inflete a energia da radiação solar quando dela se serve para romper as ligações do carbono com o oxigênio no ácido carbônico. O que nela corresponde à sensibilidade do animal é a impressionabilidade toda especial de sua clorofila à luz. Ora, como um sistema nervoso é, antes de mais nada, um mecanismo que serve de intermediário entre sensações e volições, o verdadeiro "sistema nervoso" da planta nos parece ser o mecanismo, ou melhor, o quimismo *sui generis* que serve de intermediário entre a impressionabilidade de sua clorofila à luz e a produção do amido. O que significa que a planta não deve ter elementos nervosos e que *o mesmo elã que levou o animal a se dar nervos e centros nervosos deve ter desembocado, na planta, na função clorofílica.*

E.C., 113-5.

46. *Exemplo: a inteligência e o instinto*

Se a força imanente à vida fosse uma força ilimitada, talvez tivesse desenvolvido indefinidamente nos mesmos organismos o instinto e a inteligência. Mas tudo parece indicar que essa força é finita e que se esgota muito rápido ao se manifestar. É-lhe difícil ir longe em várias direções ao mesmo tempo. Ela tem de escolher. E pode escolher entre duas maneiras de agir sobre a matéria bruta. Pode fornecer essa ação *imediatamente* criando para si um instrumento *organizado* com o qual trabalhará; ou então *mediatamente*, num organismo que, em vez de possuir naturalmente o instrumento necessário, o fabricará ele mesmo moldando a matéria inorgânica. Daí a inteligência e o instinto, que divergem cada vez mais ao se desenvolverem, mas que jamais se separam totalmente um do outro. De um lado, com efeito, o mais perfeito instinto do inseto vem acompanhado de alguns lampejos de inteligência, quando mais não seja na escolha do lugar, do momento e dos materiais da construção: quando, extraordinariamente, abelhas nidificam ao ar livre, elas inventam dispositivos novos e verdadeiramente inteligentes para se adaptar a essas novas condições. Mas, por outro lado, a inteligência precisa ainda mais do instinto do que o instinto da inteligência, pois moldar a matéria bruta já pressupõe no animal um grau superior de organização, ao qual só se pôde elevar pelas asas do instinto. Por isso, enquanto a natureza evoluiu francamente em direção ao instinto nos artrópodes, em quase todos os vertebrados assistimos antes à procura do que ao pleno desenvolvimento da inteligência. Continua sendo o instinto que forma o substrato de sua atividade psíquica, mas a inteligência está lá e aspira a suplantá-lo. Ela não chega a inventar instrumentos: ao menos tenta, executando o máximo de variações possíveis sobre o instinto, do qual gostaria de prescindir. Só se apossa totalmente de si no homem, e esse triunfo se afirma pela própria insuficiência dos meios naturais de que o homem dispõe para se defender contra seus inimigos, contra o frio e contra a fome. Essa insuficiência, quando lhe procuramos decifrar o sentido, adquire o valor de um documento pré-histórico: é a dispensa definitiva que o instinto recebe por parte da inteligência. Não é menos verdade que a natureza deve ter hesitado entre dois modos de atividade psíquica, um assegurado do sucesso imediato, mas limitado em seus efeitos, o outro, aleatório, mas cujas conquistas, se alcançasse a independência, poderiam se estender indefinidamente. Aliás, também aqui o maior sucesso foi obtido do lado onde estava o maior risco. *Instinto e inteligência representam portanto duas soluções divergentes, igualmente elegantes, para um único e mesmo problema.*

E.C., 142-4.

47. Diferenciação e compensação: a religião

Imaginemos então uma humanidade primitiva e sociedades rudimentares. Para garantir a esses agrupamentos a coesão desejada, a natureza disporia de um meio bem simples: só teria de dotar o homem de instintos apropriados. Foi o que fez com a colméia e o formigueiro, aliás, com pleno sucesso: neles, os indivíduos vivem exclusivamente para a comunidade. E foi um trabalho fácil, pois só teve de seguir seu método habitual: o instinto é, de fato, coextensivo à vida, e o instinto social, tal como o encontramos no inseto, é apenas o espírito de subordinação e de coordenação que anima as células, tecidos e órgãos dos corpos vivos. Mas é para o desabrochar da inteligência e não mais para o desenvolvimento do instinto que tende o impulso vital na série dos vertebrados. Quando o termo do movimento é atingido no homem, o instinto não é suprimido, mas eclipsado; resta dele apenas um vago lampejo em torno do núcleo, totalmente iluminado, ou antes, luminoso, que é a inteligência. Doravante, a reflexão permitirá ao indivíduo inventar, à sociedade progredir. Mas, para que a sociedade progrida, ainda é preciso que subsista. Invenção significa iniciativa, e um apelo à iniciativa individual já ameaça pôr em risco a disciplina social. Quanto mais se o indivíduo desviar sua reflexão do objetivo para o qual ela é feita, ou seja, da tarefa a cumprir, a aperfeiçoar, a renovar, e dirigi-la para si mesmo, para o incômodo que a vida social lhe impõe, para o sacrifício que faz à comunidade? Entregue ao instinto, como a formiga ou a abelha, teria ficado voltado para o fim exterior a atingir; teria trabalhado para a espécie, automaticamente, sonambulicamente. Dotado de inteligência, desperto para a reflexão, irá se voltar para si mesmo e só pensará em viver agradavelmente. Um raciocínio bem formulado certamente lhe demonstraria que é de seu interesse promover a felicidade alheia; mas são precisos séculos de cultura para produzir um utilitarista como Stuart Mill, e Stuart Mill não convenceu todos os filósofos e menos ainda os homens comuns. A verdade é que a inteligência aconselhará primeiro o egoísmo. É para esse lado que o ser inteligente se precipitará se nada o detiver. Mas a natureza está vigilante. Faz pouco, diante da barreira aberta, surgira um guardião, proibindo a entrada e empurrando o contraventor. Aqui, será um deus protetor da cidade que defenderá, ameaçará, reprimirá. A inteligência, com efeito, regula-se por percepções presentes ou por esses resíduos de percepções mais ou menos recheados de imagens que chamamos lembranças. Como o instinto não existe mais a não ser em estado de vestígio ou de virtualidade, como não é forte o suficiente para provocar atos ou impedi-los, deverá suscitar uma percepção ilusória ou pelo menos uma contrafação de lembrança bastante precisa, bastante impressionante para que a inteligência se determine por ela. *Considerada desse primeiro ponto de vista, a religião é portanto uma reação defensiva da natureza contra o poder dissolvente da inteligência.*

M.R., 125-7.

48. Diferenciação e teoria da evolução

Ao submeter assim as diversas formas atuais do evolucionismo a um teste comum, ao mostrar que todas elas vêm se chocar contra uma mesma e intransponível dificuldade[1], não tínhamos de modo algum a intenção de rejeitá-las em bloco. Cada uma delas, ao contrário, apoiada num número considerável de fatos, deve ser verdadeira à sua maneira. Cada uma delas deve corresponder a um certo ponto de vista sobre o processo de evolução. Aliás, talvez seja preciso que uma teoria se atenha exclusivamente a um ponto de vista particular para que permaneça científica, isto é, para que dê uma direção precisa às pesquisas minuciosas. Mas a realidade, da qual cada uma dessas teorias adota uma visão parcial, deve exceder a todas. E essa realidade é o objeto próprio da filosofia, que não está adstrita à precisão da ciência, já que não visa nenhuma aplicação. Indiquemos, pois, em poucas palavras, o que, a nosso ver, cada uma das três gran-

1. "O teste" consiste no seguinte: dar conta da existência de aparelhos idênticos (o olho, por exemplo), obtidos mediante meios dessemelhantes, por linhas de evolução divergentes. Cf. texto 49.

des formas atuais do evolucionismo traz de positivo para a solução do problema, o que cada uma delas deixa de lado e para que ponto, no nosso entender, seria preciso fazer convergir esse triplo esforço para obter uma idéia mais abrangente, embora por isso mesmo mais vaga, do processo evolutivo.

Acreditamos que os neodarwinistas provavelmente têm razão quando ensinam que as causas essenciais de variação são as diferenças inerentes ao germe de que o indivíduo é portador e não as atitudes desse indivíduo ao longo de sua carreira. O ponto onde nos custa acompanhar esses biólogos é quando tomam as diferenças inerentes ao germe por puramente acidentais e individuais. Não podemos nos impedir de pensar que elas são o desenvolvimento de uma impulsão que passa de germe para germe por meio dos indivíduos, que, por conseguinte, não são puros acidentes e que poderiam muito bem aparecer ao mesmo tempo, sob a mesma forma, em todos os representantes de uma mesma espécie ou, pelo menos, num certo número deles. Aliás, a teoria das *mutações* já modifica profundamente o darwinismo no que a isso se refere. Ela diz que num determinado momento, transcorrido um longo período, a espécie inteira é tomada de uma tendência a modificar-se. Isso significa, portanto, que a *tendência a modificar-se* não é acidental. Acidental, é verdade, seria a mudança em si, se a mutação operasse, como quer De Vries[2], em direções diferentes nos diferentes representantes da espécie. Primeiro, contudo, será preciso ver se a teoria se confirma em várias outras espécies vegetais (De Vries só a verificou na *Oenothera Lamarckiana*) e,

2. Botânico holandês que, por volta de 1900, introduziu em biologia a idéia de variações bruscas ou "mutação".

depois, não é impossível, como explicaremos mais adiante, que a parte que cabe ao acaso seja bem maior na variação das plantas do que na dos animais, porque, no mundo vegetal, a função não depende tão estreitamente da forma. Como quer que seja, os neodarwinistas estão em via de admitir que os períodos de mutação são determinados. Portanto, a direção da mutação também poderia sê-lo, ao menos nos animais e ao menos em certa medida, que ainda teremos de indicar.

Desembocaríamos assim numa hipótese como a de Eimer, segundo a qual as variações das diferentes características prosseguiriam, de geração em geração, em direções definidas. Essa hipótese nos parece plausível, dentro dos limites em que o próprio Eimer a encerra. É certo que a evolução do mundo orgânico não deve ser predeterminada em seu conjunto. Afirmamos, ao contrário, que a espontaneidade da vida nela se manifesta por uma contínua criação de formas que se sucedem umas às outras. Mas essa indeterminação não pode ser completa: deve deixar uma certa parte para a determinação. Um órgão como o olho, por exemplo, ter-se-ia constituído precisamente por uma variação contínua numa direção definida. Não vemos como se explicaria de outro modo a similitude de estrutura do olho em espécies que não têm de modo algum a mesma história. O ponto em que nos separamos de Eimer é quando ele afirma que combinações de causas físicas e químicas bastam para garantir o resultado. Nós, pelo contrário, tentamos estabelecer acima, com relação ao exemplo preciso do olho, que, se há aqui "ortogênese", é porque uma causa psicológica intervém[3].

---

3. Eimer propusera a palavra "ortogênese" para designar a evolução que se realiza numa determinada direção (1888).

É precisamente a uma causa de ordem psicológica que alguns neolamarckianos recorrem. Aí reside, a nosso ver, um dos pontos mais sólidos do neolamarckismo. Contudo, se essa causa não for mais que o esforço consciente do indivíduo, poderá operar somente num número bastante restrito de casos; intervirá no máximo no animal e não no mundo vegetal. No próprio animal, agirá apenas nos pontos direta ou indiretamente submetidos à influência da vontade. E mesmo onde age não se vê como obteria uma mudança tão profunda como é um aumento de complexidade: no máximo, isso seria concebível se as características adquiridas se transmitissem regularmente, de modo que se somassem umas às outras; mas essa transmissão parece ser antes a exceção que a regra. Uma mudança hereditária e de direção definida, que vai se acumulando e se compondo consigo mesma de modo que construa uma máquina cada vez mais complicada, deve certamente estar relacionada com algum tipo de esforço, mas com um esforço muito mais profundo do que o esforço individual, muito mais independente das circunstâncias, comum à maioria dos representantes de uma mesma espécie, inerente antes aos germes que estes carregam que à sua substância apenas, garantindo-se assim que seja transmitido a seus descendentes.

Voltamos assim, depois de um longo desvio, à idéia de onde partimos, a de um *elã original* da vida, passando de uma geração de germes à geração seguinte de germes por intermédio dos organismos desenvolvidos que funcionam como traço-de-união entre os germes. Esse elã, conservando-se nas linhas de evolução entre as quais se divide, é a causa profunda das variações, pelo menos daquelas que se transmitem regularmente, que se somam, que criam espécies novas. Em geral, quando as espécies começam a divergir a partir de um tronco comum, elas acentuam sua divergência à medida que avançam em sua evolução. No entanto, em determinados pontos, poderão e até deverão evoluir de modo idêntico se aceitarmos a hipótese de um elã comum. É o que nos resta mostrar de uma maneira mais precisa no próprio exemplo que escolhemos, a formação do olho nos moluscos e nos vertebrados[4]. Ademais, desse modo a idéia de um "elã original" poderá tornar-se mais clara.

E.C., 85-8.

49. Diferenciação e resultados similares

Dizíamos que a vida, desde suas origens, é a continuação de um único e mesmo elã que se dividiu entre linhas de evolução divergentes. Algo cresceu, algo se desenvolveu por uma série de adições que foram, todas elas, criações. Foi esse próprio desenvolvimento que levou a se dissociarem tendências que não podiam crescer além de um certo ponto sem se tornarem incompatíveis entre si. A rigor, nada impediria imaginar um indivíduo único no qual, em decorrência de transformações espalhadas por milhares de séculos, se houvesse efetuado a evolução da vida. Ou ainda, na falta de um indivíduo único, poder-se-ia supor uma pluralidade de indivíduos sucedendo-se numa série unilinear. Em ambos os casos, a evolução teria tido, se assim nos podemos exprimir, apenas uma dimensão. Mas a evolução na realidade se fez por intermédio de milhões de indivíduos por linhas divergen-

4. Cf. textos 50 e 52.

tes, cada uma das quais desembocava, por sua vez, numa encruzilhada de onde irradiavam novas vias, e assim por diante, indefinidamente. Se nossa hipótese é bem fundada, se as causas essenciais que trabalham ao longo desses diversos caminhos são de natureza psicológica, devem conservar algo de comum a despeito da divergência de seus efeitos, tal como amigos separados há muito tempo guardam as mesmas lembranças de infância. Por mais que se tenham produzido bifurcações, que se tenham aberto vias laterais onde os elementos dissociados se desenrolavam de modo independente, nem por isso deixa de ser pelo elã primitivo do todo que o movimento das partes se prolonga. Portanto, algo do todo deve subsistir nas suas partes. E esse elemento comum poderá tornar-se visível de certa maneira, talvez pela presença de órgãos idênticos em organismos muito diferentes. Suponhamos, por um instante, que o mecanicismo seja a verdade: a evolução terá se dado por uma série de acidentes que foram se acrescentando uns aos outros, sendo que cada acidente novo se conserva por seleção se for vantajoso para essa soma de acidentes vantajosos anteriores representada pela forma atual do ser vivo. Qual a chance de duas evoluções completamente diferentes desembocarem, através de duas séries completamente diferentes de acidentes que se adicionam, em resultados similares? Quanto mais duas linhas de evolução divergirem, menos probabilidades haverá de que influências acidentais exteriores ou variações acidentais internas tenham determinado nelas a construção de aparelhos idênticos, sobretudo se não havia qualquer vestígio desses aparelhos no momento em que a bifurcação ocorreu. Essa similitude seria natural, ao contrário, numa hipótese como a nossa: deveríamos reencontrar, até nos últimos riachinhos, algo da impulsão recebida na fonte. *O puro mecanicismo seria portanto refutável, e a finalidade, no sentido especial em que a entendemos, seria demonstrável por um certo lado, caso pudéssemos estabelecer que a vida fabrica certos aparelhos idênticos, por meios dessemelhantes, em linhas de evolução divergentes. A força da prova seria, aliás, proporcional ao grau de afastamento das linhas de evolução escolhidas e ao grau de complexidade das estruturas similares que nelas encontrássemos.*

E.C., 53-5.

50. Exemplo: a visão

Quanto mais considerável for o esforço da mão, mais longe irá para dentro da limalha. Mas, seja qual for o ponto em que se detenha, instantânea e automaticamente os grãos se equilibram, coordenam-se entre si. O mesmo acontece com a visão e com seu órgão. Conforme o ato indiviso que constitui a visão vai mais ou menos longe, a materialidade do órgão é feita de um número mais ou menos considerável de elementos coordenados entre si, mas a ordem é necessariamente completa e perfeita. Não poderia ser parcial porque, mais uma vez, o processo real que lhe dá origem não tem partes. É isso que nem o mecanicismo nem o finalismo levam em conta e também é nisso que não prestamos atenção quando nos espantamos com a maravilhosa estrutura de um instrumento como o olho. No fundo de nosso espanto há sempre a idéia de que *apenas uma parte* dessa ordem *poderia* ter sido realizada, de que sua realização completa é uma espécie de graça. Para os finalistas, essa graça é dada de uma só vez pela causa final; os mecanicistas pretendem obtê-la pouco a pouco pelo efeito da seleção natural; mas ambos vêem nessa ordem algo positivo e na sua causa, conseqüentemente, algo fracionável, algo que comporta todos os graus possíveis de acabamento. Na realidade, a causa é mais ou menos intensa, mas só pode produzir seu efeito em bloco e de maneira acabada. Conforme for mais ou menos longe no sentido da visão, resultará nos amontoados pigmentários de um organismo inferior, ou no olho rudimentar de uma *Serpula*, ou no olho já diferenciado do *Alcíope*, ou no olho maravilhosamente aperfeiçoado de um pássaro, mas todos esses órgãos, de complicação muito desigual, apresentarão necessariamente uma coordenação igual. É por isso que, por mais que duas espécies animais estejam afastadas uma da outra, se, em ambas, a marcha para a visão tiver ido igualmente longe, haverá de ambos os lados o mesmo órgão visual, pois a forma do órgão apenas exprime em que medida se obteve o exercício da função.

Contudo, ao falar de uma marcha para a visão, não voltamos à antiga concepção da finalidade? Seria assim, sem dúvida nenhuma, se essa marcha exigisse a representação, consciente ou inconsciente, de um objetivo a atingir. Mas a verdade é que ela se efetua em virtude do elã original da vida, que ela está implicada nesse próprio movimento e que é precisamente por isso que a reencontramos em linhas de evolução independentes. Mas, agora, se nos perguntassem por que e como essa marcha está implicada nele, responderíamos que a vida é, antes de mais nada, uma tendência a agir sobre a matéria bruta. A direção dessa ação certamente não é predeterminada: daí a imprevisível variedade das formas que a vida, ao evoluir, semeia em seu caminho. Mas essa ação sempre apresenta, num grau mais ou menos elevado, o caráter de contingência; implica ao menos um rudimento de escolha. Ora, uma escolha supõe a representação antecipada de várias ações possíveis. Portanto, possibilidades de ação têm de se desenhar para o ser vivo antes da própria ação. A percepção visual não é outra coisa: os contornos visíveis dos corpos são o desenho de nossa eventual ação sobre eles. A visão será encontrada, então, em diferentes graus, nos mais diversos animais, e se manifestará pela mesma complexidade de estrutura em toda parte onde tiver atingido o mesmo grau de intensidade.

E.C., 96-8.

51. A diferenciação em história

Não cremos na fatalidade em história. Não existe obstáculo que vontades suficientemente tenazes não possam vencer, se nisso se empenharem a tempo. Não há, portanto, lei histórica inelutável. Mas existem leis biológicas; e as sociedades humanas, na medida em que a natureza as quer de certo ponto de vista, dependem da biologia nesse aspecto particular. Se a evolução do mundo organizado se dá segundo certas leis, ou seja, em virtude de certas forças, é impossível que a evolução psicológica do homem individual e social renuncie totalmente a esses hábitos da vida. No entanto, mostramos faz muito tempo que a essência de uma tendência vital é a de se desenvolver em forma de feixe, criando, pelo simples fato de seu crescimento, direções divergentes entre as quais seu elã irá dividir-se...

No entanto, na evolução geral da vida, as tendências assim criadas por via de dicotomia desenvolvem-se usualmente em espécies distintas; cada uma por seu lado, saem em busca de fortuna no mundo; a materialidade que adquiriram as impede de voltar a se fundir para restaurar de maneira mais forte, mais complexa, mais evoluída, a tendência original. O mesmo não acontece na evolução da vida psicológica e social. É no mesmo indivíduo, ou na mesma sociedade, que, nesse caso, evoluem as tendências que se constituíram por dissociação. E, em geral, elas só podem se desenvolver sucessivamente. Se forem duas, como costuma ocorrer com mais freqüência, é sobretudo a uma delas que nos ligaremos primeiro; com ela iremos mais ou menos longe, geralmente o mais longe possível; depois, com o que tivermos ganhado durante essa evolução, voltaremos para buscar aquela que deixamos para trás. Iremos desenvolvê-la, por sua vez, negligenciando agora a primeira, e esse novo esforço se prolongará até que, reforçados por novas aquisições, possamos retomar aquela e levá-la ainda mais longe. Como durante a operação estamos inteiros em uma das duas tendências, como é só ela que conta, diríamos de bom grado que só ela é positiva e que a outra não é mais que a sua negação: caso se queira pôr as coisas nesses termos, a outra é efetivamente o contrário. Constatar-se-á – o que será mais ou menos verdade conforme os casos – que o progresso ocorreu por uma oscilação entre os dois contrários e que, aliás, a situação não é a mesma e houve um ganho quando o balancim retornou a seu ponto de partida. Contudo, às vezes é exatamente isso o que acontece e foi efetivamente entre contrários que houve oscilação. É quando uma tendência, vantajosa em si mesma, é incapaz de ser moderada exceto pela ação de uma tendência antagonista, que desse modo revela-se igualmente vantajosa. A sensatez pareceria aconselhar, então, uma cooperação das duas tendências, a primeira intervindo quando as circunstâncias o exigirem e a outra contendo-a no momento em que vai passar da medida. Infelizmente, é difícil dizer onde começa o exagero e o perigo. Às vezes, o simples fato de levar mais longe do que parecia razoável conduz a um novo meio, cria uma situação nova, que suprime o perigo ao mesmo tempo que acentua a vantagem. Isso ocorre sobretudo com as tendências muito gerais que determinam a orientação de uma sociedade e cujo desenvolvimento se distribui necessariamente por um número mais ou menos considerável de gerações. Uma inteligência, mesmo sobre-humana, não saberia dizer para onde seremos conduzidos, uma vez que a ação em andamento cria sua própria estrada, cria em grande parte as condições em que se realizará, e desafia assim o cálculo. Portanto, iremos cada vez mais longe; muito freqüentemente, só nos deteremos diante da iminência de uma catástrofe. A tendência antagonista ocupa então o lugar que ficou vazio; sozinha, por sua vez, irá tão longe quanto lhe for possível ir. Será reação, se a outra foi chamada ação. Como as duas tendências ter-se-iam moderado mutuamente se tivessem caminhado juntas, como sua interpenetração numa tendência primitiva indivisa é precisamente o que define a moderação, o mero fato de ocupar todo o espaço comunica a cada uma delas um elã que pode chegar ao arrebatamento à medida que vão caindo os obstáculos; essa tendência tem algo de frenético. Não abusemos da palavra "lei" num terreno que é o da liberdade, mas usemos esse termo cômodo quando estamos diante de grandes fatos que apresentam uma regularidade suficiente: chamaremos *lei da dicotomia* aquela que parece provocar a realização, por sua simples dissociação, de tendências que inicialmente eram apenas visões diferentes de uma tendência simples. E proporemos então chamar *lei do duplo frenesi* a exigência, imanente a cada uma das duas tendências depois de realizada por sua separação, de ser seguida até o fim – como se houvesse um fim! Uma vez mais: é difícil não se perguntar se a tendência simples não teria feito melhor em crescer sem se duplicar, mantendo-se na justa medida pela própria coincidência da força de impulsão com uma capacidade de frear, que então seria apenas virtualmente uma força de impulsão diferente. Não se teria corrido o risco de cair no absurdo e se estaria garantido contra a catástrofe. De fato, mas não se teria obtido o máximo de criação em quantidade e em qualidade. É preciso embrenhar-se a fundo numa das direções para saber no que ela vai dar: quando não se puder mais avançar, voltar-se-á, com todo o conhecimento adquirido, para se lançar na direção negligenciada ou abandonada. Olhando de fora essas idas e vindas, é certo que só se vê o antagonismo das duas tendências, as tentativas vãs de uma para contrariar o progresso da outra, o fracasso final desta e a revanche da primeira: a humanidade gosta de drama; colhe de bom grado no conjunto de uma história mais ou menos longa os aspectos que lhe imprimem a forma de uma luta entre dois partidos, ou duas sociedades, ou dois princípios; cada um deles, alternadamente, teria saído vitorioso. Mas, aqui, a luta é apenas o aspecto superficial de um progresso. A verdade é que uma tendência sobre a qual são possíveis duas visões só pode fornecer seu máximo, quantitativa e qualitativamente, caso materialize essas duas possibilidades em realidades moventes, cada uma das quais se atira para a frente e toma conta do lugar, ao passo que a outra espreita sem cessar para saber se chegou a sua vez. Assim se desenvolverá o conteúdo da tendência original, caso ainda se possa falar de conteúdo quando ninguém, nem mesmo a própria tendência que se tornou consciente, saberia dizer o que sairá dela. Ela dá o esforço e o resultado é uma surpresa. Assim é a operação da natureza: as lutas cujo espetáculo ela nos oferece resolvem-se não tanto em hostilidades como em curiosidades. E é precisamente quando imita a natureza, quando se entrega à impulsão primitivamente recebida, que a marcha da humanidade assume uma certa regularidade e se submete, muito imperfeitamente deve-se dizer, a leis como as que enunciamos. Chegou a hora, porém, de fechar nosso parêntese longo demais. Mostremos apenas como se aplicariam nossas duas leis no caso que nos fez abri-lo.

Tratava-se do interesse pelo conforto e pelo luxo que parece ter-se tornado a principal preocupação da humanidade. Ao ver como o homem desenvolveu o espírito de invenção, como muitas invenções são aplicações de nossa ciência, como a ciência está destinada a crescer infindavelmente, ficar-se-ia tentado a crer que haverá progresso indefinido na mesma direção. Com efeito, as satisfações que invenções novas trazem para antigas necessidades nunca determinam a humanidade a parar por ali; surgem novas necessidades, igualmente imperiosas, cada vez mais numerosas. Vimos a corrida pelo bem-estar ir se acelerando por uma pista para a qual multidões cada vez mais compactas se precipitavam. Hoje é um tumulto. Mas esse próprio frenesi não deveria nos abrir os olhos? Não haveria algum outro frenesi, a que aquele teria se seguido e que teria desenvolvido, na direção contrária, uma atividade de que ele é o complemento? De fato, é a partir do século XV ou XVI que os homens parecem aspirar a uma ampliação da vida material. Durante toda a Idade Média predominara um ideal de ascetismo. É inútil lembrar os exageros a que ele conduzira; já tinha havido frenesi. Dirão que esse ascetismo foi coisa de uma minoria, e terão razão. Mas, assim como o misticismo, privilégio de uns poucos, foi vulgarizado pela religião, também o ascetismo concentrado, que foi sem dúvida excepcional, diluiu-se para os homens comuns numa indiferença geral às condições da vida cotidiana. Todo o mundo vivia numa falta de conforto que nos surpreende. Ricos e pobres dispensavam supérfluos que consideramos necessidades. Houve quem notasse que, se o senhor vivia melhor que o camponês, isso deve ser entendido sobretudo no sentido de que ele estava mais abundantemente nutrido. Quanto ao resto, a diferença era tênue. Estamos, pois, efetivamente diante de duas tendências divergentes que se sucederam e que se comportaram, ambas, freneticamente. Pode-se presumir que elas correspondem a duas visões opostas de uma tendência primordial, que teria encontrado dessa forma o meio de tirar de si mesma, quantitativa e qualitativamente, tudo o que podia e até mais do que tinha, embrenhando-se pelas duas vias sucessivamente, voltando a se pôr numa das direções com tudo o que fora juntado ao longo da outra. Haveria portanto oscilação e progresso, progresso por oscilação. E haveria que prever, depois da complicação incessantemente crescente da vida, um retorno à simplicidade. Esse retorno evidentemente não é certo; o porvir da humanidade continua indeterminado, porque depende dela. Mas se, do lado do porvir, há apenas possibilidades ou probabilidades, que examinaremos em breve, o mesmo não pode ser dito do passado: os dois desenvolvimentos opostos que acabamos de assinalar são realmente aqueles de uma única tendência original.

M.R., 313-9.

b) Vida e matéria

52. Para além do mecanicismo

Mas poderia uma estrutura orgânica ser comparada a uma estampa? Já assinalamos a ambigüidade do termo "adaptação". Uma coisa é a complicação gradual de uma forma que se insere cada vez melhor no molde das condições exteriores, outra é a estrutura cada vez mais complexa de um instrumento que tira dessas condições um proveito crescente. No primeiro caso, a matéria limita-se a receber uma estampa, mas, no segundo, reage ativamente, resolve um problema. Desses dois sentidos da palavra, é evidentemente o segundo que se utiliza quando se diz que o olho se adaptou cada vez melhor à influência da luz. Contudo, passa-se de modo mais ou menos inconsciente do segundo para o primeiro, e uma biologia puramente mecanicista irá se empenhar para fazer coincidir a adaptação passiva de uma matéria inerte, que sofre a influência do meio, e a adaptação ativa de um organismo, que tira dessa influência o proveito apropriado. Reconhecemos, aliás, que a própria natureza parece convidar nosso espírito a confundir os dois tipos de adaptação, pois ela geralmente começa com uma adaptação passiva ali onde mais tarde deverá construir um mecanismo que reagirá ativamente. Assim, no caso que nos interessa, é incontestável que o primeiro rudimento de olho encontra-se na mancha pigmentária dos organismos inferiores: essa mancha pode muito bem ter sido produzida fisicamente pela própria ação da luz, e é possível observar uma enorme quantidade de intermediários entre a simples mancha de pigmento e um olho complicado como o dos vertebrados. – Mas do fato de que se passe gradualmente de uma coisa para outra não se segue que as duas coisas sejam de mesma natureza. Do fato de que um orador primeiro adote as paixões de seu público para em seguida dominá-lo não se conclui que *seguir* seja a mesma coisa que *dirigir*. Ora, a matéria viva parece não ter outro meio de tirar proveito das circunstâncias a não ser adaptar-se passivamente a elas num primeiro momento: ali onde precisa assumir a direção de um movimento, começa por adotá-lo. A vida procede por insinuação. Podem nos mostrar todos os intermediários entre uma mancha pigmentária e um olho; nem por isso deixará de haver, entre os dois, o mesmo intervalo que há entre uma fotografia e um aparelho fotográfico. A fotografia, com certeza, infletiu-se pouco a pouco no sentido de um aparelho fotográfico; mas seria possível que a luz apenas, força física, tivesse provocado essa inflexão e transformado uma impressão deixada por ela em uma máquina capaz de utilizá-la?

Haverá quem alegue que fazemos intervir indevidamente considerações de utilidade, que o olho não é feito para ver, mas que vemos porque temos olhos, que o órgão é o que é e que a "utilidade" é uma palavra por meio da qual designamos os efeitos funcionais da estrutura. Mas, quando digo que o olho "tira proveito" da luz, não entendo apenas que o olho é capaz de ver; aludo às relações muito precisas que existem entre esse órgão e o aparelho de locomoção. A retina dos vertebrados se prolonga num nervo óptico que se prolonga por sua vez em centros cerebrais ligados a mecanismos motores. Nosso olho tira proveito da luz no sentido de que nos permite utilizar, mediante movimentos de reação, os objetos que vemos como vantajosos e evitar aqueles que vemos como prejudiciais. Ora, não terão dificuldade em me mostrar que, se a luz produziu fisicamente uma mancha de pigmento, também pode determinar fisicamente os movimentos de certos organismos: infusórios ciliados, por exemplo, reagem à luz. No entanto, ninguém afirmará que a influência da luz tenha causado fisicamente a formação de um sistema nervoso, de um sistema muscular ou de um sistema ósseo, todas estas coisas que estão em continuidade com o aparelho da visão nos vertebrados. A bem dizer, quando se fala da formação gradual do olho, e, com mais razão ainda, quando se vincula o olho ao que lhe é inseparável, já se faz intervir algo completamente diferente da ação direta da luz. Atribui-se implicitamente à matéria organizada uma certa capacidade *sui generis*, o misterioso poder de montar máquinas muito complicadas para tirar proveito da excitação simples da qual sofre a influência.

E.C., 70-2.

53. *Para além do finalismo*

Tal é a filosofia da vida para a qual nos encaminhamos. Ela pretende superar tanto o mecanicismo quanto o finalismo; mas, como anunciávamos de início, está mais próxima da segunda doutrina do que da primeira. Não será inútil insistir nesse ponto e mostrar em termos mais precisos em que ela se parece com o finalismo e em que difere dele.

Como o finalismo radical, embora sob uma forma mais vaga, ela irá nos representar o mundo organizado como um conjunto harmonioso. Mas essa harmonia está longe de ser tão perfeita quanto disseram. Admite muitas discordâncias, porque cada espécie, até mesmo cada indivíduo, só retém da impulsão global da vida um certo elã e tende a utilizar essa energia em seu próprio interesse; nisso consiste a *adaptação*. A espécie e o indivíduo só pensam assim em si mesmos – do que decorre a possibilidade de conflito com as outras formas da vida. Portanto, a harmonia não existe de fato; existe antes de direito: quero dizer com isso que o elã original é um elã comum e que, quanto mais para trás se volta, tanto mais as diversas tendências aparecem como complementares entre si. Tal qual o vento, que emboca numa encruzilhada e se divide em correntes de ar divergentes, mas que são todas um só e mesmo sopro. A harmonia, ou melhor, a "complementaridade", só se revela em termos genéricos, mais nas tendências que nos estados. Sobretudo (e é nesse ponto que o finalismo se equivocou mais gravemente), a harmonia se encontraria antes atrás do que na frente. Prende-se a uma identidade de impulsão e não a uma aspiração comum. Em vão se gostaria de atribuir à vida um objetivo, no sentido humano da palavra. Falar de um objetivo é pensar num modelo preexistente ao qual só falta realizar-se. É supor, portanto, no fundo, que tudo está dado, que o porvir poderia ler-se no presente. É crer que a vida, em seu movimento e em sua integralidade, procede como nossa inteligência, que é apenas uma visão imóvel e fragmentária que temos da vida e que se situa sempre naturalmente fora do tempo. Já a vida, ela avança e dura. Sem dúvida, sempre será possível, depois de lançar uma vista d'olhos sobre o caminho já percorrido, marcar-lhe a direção, anotá-la em termos psicológicos e falar como se tivesse havido perseguição de um objetivo. É assim que nós mesmos falaremos. Porém, sobre o caminho que iria ser percorrido, o espírito humano nada tem a dizer, pois o caminho foi criado à medida que se desenrolava o ato que o percorria, não sendo mais que a direção desse mesmo ato. A evolução deve, pois, comportar a cada momento uma interpretação psicológica que, de nosso ponto de vista, é sua melhor explicação, mas essa explicação só tem valor e até significação retroativamente. A interpretação finalista, tal como a proporemos, não deverá jamais ser tomada por uma antecipação sobre o porvir. É uma certa visão do passado à luz do presente. Em suma, a concepção clássica da finalidade postula ao mesmo tempo demasiado e muito pouco. É ampla demais e estreita demais. Ao explicar a vida pela inteligência, reduz em excesso a significação da vida; a inteligência, ao menos da maneira como a encontramos em nós, foi moldada pela evolução ao longo do trajeto; recorta-se em algo mais vasto, ou melhor, não é mais que a projeção necessariamente plana de uma realidade que tem relevo e profundidade. É essa realidade mais abrangente que o verdadeiro finalismo deveria reconstituir ou antes abarcar, se possível, numa visão simples. Por outro lado, contudo, justamente por extrapolar a inteligência, faculdade de ligar o mesmo ao mesmo, de perceber e também de produzir repetições, essa realidade é sem dúvida criadora, ou seja, produtora de efeitos nos quais se dilata e supera a si mesma: esses efeitos não estavam portanto dados nela de antemão e ela, por conseguinte, não podia tomá-los como fins, embora, uma vez produzidos, comportem uma interpretação racional, como a do objeto fabricado que realizou um modelo. Em suma, a teoria das causas finais não vai longe o suficiente quando se limita a pôr inteligência na natureza, e vai longe demais quando supõe uma preexistência do porvir no presente sob forma de idéia.

E.C., 50-2.

54. Limitação do elã vital

Não se deve esquecer que a força que evolui através do mundo organizado é uma força limitada, que procura sempre superar a si mesma e sempre permanece inadequada à obra que tende a produzir. Do desconhecimento desse fato nasceram os erros e as puerilidades do finalismo radical. Imaginou o conjunto do mundo vivo como uma construção, e como uma construção análoga às nossas. Todas as suas peças estariam dispostas de modo que favorecessem o melhor funcionamento possível da máquina. Cada espécie teria sua razão de ser, sua função, sua destinação. Juntas, dariam um grande concerto, onde as aparentes dissonâncias serviriam tão-só para fazer sobressair a harmonia fundamental. Em suma, na natureza tudo se passaria como nas obras do gênio humano, onde o resultado obtido pode ser mínimo, mas onde há pelo menos adequação perfeita entre o objeto fabricado e o trabalho de fabricação.

Não há nada de semelhante na evolução da vida. Nela, é impressionante a desproporção entre o trabalho e o resultado. De cima a baixo no mundo organizado, o que há é sempre um único grande esforço; mas, em geral, esse esforço dá em nada, ora paralisado por forças contrárias, ora distraído do que deve fazer pelo que está fazendo, absorvido pela forma que se empenha em assumir, hipnotizado por ela como por um espelho. Até mesmo em suas obras mais perfeitas, quando parece ter triunfado das resistências exteriores e também da sua própria, está à mercê da materialidade que teve de dar a si mesmo. É o que cada um de nós pode experimentar em si mesmo. Nossa liberdade, nos próprios movimentos pelos quais se afirma, cria os hábitos nascentes que a sufocarão caso não se renove mediante um esforço constante: o automatismo espreita-a. O mais vivo dos pensamentos congelará na fórmula que o exprime. A palavra volta-se contra a idéia. A letra mata o espírito. E nosso mais ardente entusiasmo, quando se exterioriza em ação, enrijece-se às vezes tão naturalmente em frio cálculo de interesse ou de vaidade, um adota tão facilmente a forma do outro, que poderíamos confundi-los, duvidar de nossa própria sinceridade, negar a bondade e o amor, se não soubéssemos que o morto conserva ainda por algum tempo os traços do vivo.

A causa profunda dessas dissonâncias jaz numa irremediável diferença de ritmo. A vida em geral é a própria mobilidade; as manifestações particulares da vida só aceitam essa mobilidade a contragosto e estão constantemente atrasadas com relação a ela. Aquela vai sempre em frente; estas gostariam de patinhar sem sair do lugar. A evolução em geral se daria, na medida do possível, em linha reta; cada evolução especial é um processo circular. Como turbilhões de poeira levantados pelo vento que passa, os vivos giram em torno de si mesmos, suspensos pelo grande sopro da vida. São portanto relativamente estáveis, e contrafazem mesmo tão bem a imobilidade que os tratamos antes como *coisas* que como *progressos*, esquecendo que a própria permanência de sua forma não é mais que o desenho de um movimento. Às vezes, contudo, materializa-se diante de nossos olhos, numa fugidia aparição, o sopro invisível que os carrega. Temos essa súbita iluminação diante de certas formas do amor materno, tão impressionante, tão tocante também na maioria dos animais, observável até na solicitude da planta por sua semente. Esse amor, no qual houve quem visse o grande mistério da vida, talvez nos revelasse seu segredo. Ele nos mostra cada geração debruçada sobre aquela que virá depois dela. Deixa-nos entrever que o ser vivo é sobretudo um lugar de passagem, e que o essencial da vida está no movimento que a transmite.

Esse contraste entre a vida em geral e as formas nas quais se manifesta é sempre de mesmo caráter. Poder-se-ia dizer que a vida tende a agir o máximo possível, mas que cada espécie prefere fornecer a menor quantidade possível de esforço. Considerada naquilo que é a sua essência mesma, isto é, como uma transição de espécie para espécie, a vida é uma ação sempre crescente. Mas cada uma das espécies, através das quais a vida passa, visa tão-somente sua comodidade. Procura aquilo que exige menos esforço. Absorvendo-se na forma que irá assumir, entra num meio-sono, onde ignora praticamente todo o resto da vida; amolda-se a si mesma tendo em vista a mais fácil exploração possível de seu entorno imediato. Assim, o ato mediante o qual a vida se encaminha para a criação de uma forma nova e o ato mediante o qual essa forma se desenha são dois movimentos diferentes e muitas vezes antagônicos. O primeiro se prolonga no segundo, mas não pode prolongar-se nele sem se distrair de sua direção, como aconteceria a um saltador que, para transpor o obstáculo, fosse obrigado a desviar os olhos deste último e olhar para si próprio.

As formas vivas são, por definição mesmo, formas viáveis. Seja qual for a maneira como se explica a adaptação do organismo a suas condições de existência, essa adaptação é necessariamente suficiente a partir do momento em que a espécie subsiste. Nesse sentido, cada uma das espécies sucessivas descritas pela paleontologia e pela zoologia foi um *sucesso* conquistado pela vida. Mas as coisas adquirem um aspecto totalmente outro quando se compara cada espécie com o movimento que a depositou pelo seu caminho e não mais com as condições nas quais se inseriu. Freqüentemente esse movimento se desviou, com muita freqüência também foi abruptamente interrompido; o que deveria ser apenas um lugar de passagem tornou-se o termo. Desse novo ponto de vista, o insucesso aparece como a regra, o sucesso como excepcional e sempre imperfeito.

E.C., 127-30.

55. *Vida e automatismo: o cômico*

Para que o exagero seja cômico, é preciso que não apareça como o objetivo, mas como um simples meio de que o desenhista se serve para tornar evidentes a nossos olhos as contorções que ele vê prepararem-se na natureza. É essa contorção que importa, é ela que interessa. E é por isso que se irá buscá-la até nos elementos da fisionomia que são incapazes de movimento, na curvatura de um nariz e mesmo na forma de uma orelha. É porque a forma é para nós o desenho de um movimento. O caricaturista que altera a dimensão de um nariz, mas que respeita sua fórmula, que o alonga, por exemplo, no mesmo sentido em que a natureza já o alongava, faz realmente esse nariz caretear: doravante, também o original nos parecerá querer se alongar e fazer a careta. Nesse sentido, poder-se-ia dizer que a natureza muitas vezes obtém ela mesma sucessos de caricaturista. No movimento mediante o qual fendeu essa boca, encolheu esse queixo, inchou essa bochecha, parece ter conseguido consumar sua careta, burlando a vigilância moderadora de uma força mais racional. Rimos então de um rosto que é, por assim dizer, a caricatura dele mesmo.

Em suma, seja qual for a doutrina a que nossa razão adira, nossa imaginação tem sua filosofia bem estabelecida: em toda forma humana percebe o esforço de uma alma que amolda a matéria, alma infinitamente flexível, eternamente móvel, subtraída à gravidade porque não é a terra que a atrai. De sua leveza alada essa alma comunica algo ao corpo que anima: a imaterialidade que passa assim para a matéria é o que se chama a graça. Mas a matéria resiste e se obstina. Puxa para si, gostaria de converter para sua própria inércia e fazer degenerar em automatismo a atividade sempre desperta desse princípio superior. Gostaria de fixar os movimentos inteligentemente variados do corpo em dobras estupidamente contraídas, solidificar em caretas duradouras as expressões moventes da fisionomia, imprimir, enfim, a toda a pessoa uma atitude tal que ela pareça enfiada e absorvida na materialidade de alguma ocupação mecânica em vez de se renovar sem cessar em contato com um ideal vivo. Ali onde a matéria consegue, assim, espessar exteriormente a vida da alma, enrijecer seu movimento, contrariar, enfim, sua graça, ela obtém do corpo um efeito cômico. Portanto, caso quiséssemos definir aqui o cômico aproximando-o de seu contrário, seria preciso opô-lo à graça bem mais que à beleza. Ele é antes rijeza que feiúra.

R., 21-2.

56. Vida e materialidade

Para nós, o todo de uma máquina organizada realmente representa, a rigor, o todo do trabalho organizador (ainda que isso só seja aproximativamente verídico), mas as partes da máquina não correspondem a partes do trabalho, pois *a materialidade dessa máquina não representa mais um conjunto de meios empregados e sim um conjunto de obstáculos contornados*: é mais uma negação que uma realidade positiva. Assim, como mostramos num estudo anterior, a visão é um poder que alcançaria, de *direito*, uma infinidade de coisas inacessíveis ao nosso olhar. Mas tal visão não se prolongaria em ação; conviria a um fantasma e não a um ser vivo. A visão de um ser vivo é uma visão eficaz, limitada aos objetos sobre os quais o ser pode agir: é uma visão *canalizada*, e o aparelho visual simboliza simplesmente o trabalho de canalização. A partir daí, a criação do aparelho visual se explica tão pouco pela reunião de seus elementos anatômicos quanto a abertura de um canal se explicaria por um depósito de terra que lhe teria feito as margens. A tese mecanicista consistiria em dizer que a terra foi trazida por carroçadas; o finalismo agregaria que a terra não foi depositada ao acaso, que os carroceiros seguiram um plano. Mas tanto mecanicismo quanto finalismo estariam enganados, pois o canal foi feito de outra forma.

Mais precisamente, comparávamos o procedimento mediante o qual a natureza constrói um olho com o ato simples mediante o qual levantamos a mão. Mas suposemos que a mão não encontrava nenhuma resistência. Imaginemos que, em vez de se mover no ar, minha mão tenha que atravessar a limalha de ferro que se comprime e resiste à medida que avanço. Num certo momento, minha mão terá esgotado seus esforços e, nesse momento preciso, os grãos de limalha terão se justaposto e coordenado numa forma determinada, qual seja, a da minha mão que pára e de uma parte do braço. Agora, suponhamos que a mão e o braço tenham permanecido invisíveis. Os espectadores procurarão nos próprios grãos de limalha e nas forças interiores ao amontoado a razão do arranjo. Uns remeterão a posição de cada grão à ação que os grãos vizinhos exercem sobre ele: serão os mecanicistas. Outros afirmarão que um plano de conjunto presidiu o detalhamento dessas ações elementares: serão os finalistas. Mas a verdade é que houve simplesmente um ato indivisível, o da mão atravessando a limalha: o inesgotável detalhamento do movimento dos grãos, bem como a ordem de seu arranjo final, exprime negativamente, de certo modo, esse movimento indiviso, sendo a forma global de uma resistência e não uma síntese de ações positivas elementares. É por isso que, caso dermos o nome de "efeito" ao arranjo dos grãos e o de "causa" ao movimento da mão, poderemos, a rigor, dizer que o todo do efeito se explica pelo todo da causa, mas a partes da causa não corresponderão de modo algum partes do efeito. Em outras palavras, nem o mecanicismo nem o finalismo cabem aqui e é a um modo *sui generis* de explicação que será preciso recorrer. Ora, na hipótese que propomos, a relação da visão com o aparelho visual seria aproximadamente a da mão com a limalha de ferro que desenha, canaliza e limita seu movimento.

E.C., 94-6.

57. A matéria, inversão da duração

Consideramos *in abstracto* a extensão em geral? A *extensão* só aparece, dizíamos, como uma *tensão* que se interrompe. Vinculamo-nos à realidade concreta que preenche essa extensão? A ordem que nela reina e que se manifesta por meio das leis da natureza é uma ordem que deve nascer por si mesma quando a ordem inversa é suprimida: uma distensão do querer produziria precisamente essa supressão. Por fim, eis que o sentido em que essa realidade caminha nos sugere agora a idéia de uma coisa *que se desfaz*; nisso consiste, sem dúvida nenhuma, um dos traços essenciais da materialidade. Que concluir daí, senão que o processo pelo qual essa coisa *se faz* é dirigido em sentido contrário ao dos processos físicos e que, portanto, ele é, por definição mesmo, imaterial? Nossa visão do mundo material é a de um peso que cai; nenhuma imagem tirada da matéria propriamente dita nos dará uma idéia do peso que se eleva. Mas essa conclusão irá se impor a nós com mais força ainda se cercarmos mais de perto a realidade concreta, se não considerarmos mais apenas a matéria em geral, mas, no interior dessa matéria, os corpos vivos.

Com efeito, todas as nossas análises nos mostram, na vida, um esforço para subir a ladeira que a matéria desce. Desse modo, deixam entrever a possibilidade, a necessidade até de um processo inverso ao da materialidade, criador da matéria por sua simples interrupção. É certo que a vida que evolui na superfície de nosso planeta está ligada à matéria. Se fosse pura consciência e, com mais razão ainda, supraconsciência, seria pura atividade criadora. Na verdade, está atada a um organismo que a submete às leis gerais da matéria inerte. Mas tudo acontece como se fizesse todo o possível para libertar-se dessas leis. Não tem o poder de inverter a direção das mudanças físicas, tal como o princípio de Carnot a determina. Pelo menos se comporta totalmente como o faria uma força que, abandonada a si mesma, trabalhasse na direção inversa. Incapaz de *deter* a marcha das mudanças materiais, consegue no entanto *retardá-la*. Com efeito, como o mostramos, a evolução da vida dá continuidade a uma impulsão inicial; essa impulsão, que determinou o desenvolvimento da função clorofílica na planta e do sistema sensório-motor no animal, conduz a vida a atos cada vez mais eficazes pela fabricação e pelo emprego de explosivos cada vez mais potentes. Ora, que representam esses explosivos senão um armazenamento da energia solar, energia cuja degradação fica, assim, provisoriamente suspensa em alguns dos pontos por onde se espalhava? A energia utilizável que o explosivo contém será gasta, sem dúvida, no momento da explosão; mas teria sido gasta antes se não houvesse um organismo para deter sua dissipação, para retê-la e adicioná-la a si mesma. Tal como se apresenta hoje aos nossos olhos, no ponto ao qual foi levada por uma cisão das tendências, complementares entre si, que ela continha em si, a vida está totalmente pendente da função clorofílica da planta. Isso significa que, considerada na sua impulsão inicial, antes de toda cisão, ela era uma tendência a acumular num reservatório, como fazem sobretudo as partes verdes dos vegetais, com vistas a um gasto instantâneo eficaz, como aquele que o animal efetua, algo que, sem ela, teria se escoado. É como um esforço para reerguer o peso que cai. É verdade que apenas consegue retardar a queda. Pelo menos pode nos dar uma idéia do que foi a elevação do peso.

Imaginemos, portanto, um recipiente cheio de vapor em alta pressão e, aqui e ali, nas paredes do vaso, uma fissura por onde o vapor escapa em jato. O vapor lançado no ar se condensa quase todo em gotículas que voltam a cair, e essa condensação e essa queda representam simplesmente a perda de algo, uma interrupção, um déficit. Mas uma pequena parte do jato de vapor subsiste, não condensada, durante alguns instantes; ela se esforça para reerguer as gotas que caem; consegue, no máximo, tornar a queda mais lenta. Assim, de um imenso reservatório de vida devem lançar-se incessantemente jatos, cada um dos quais, tornando a cair, é um mundo. A evolução das espécies vivas no interior desse mundo representa o que subsiste da direção primitiva do jato original e de uma impulsão que se prolonga no sentido contrário ao da materialidade. Não nos prendamos demais a essa comparação. Ela só nos daria uma imagem enfraquecida e até enganosa da realidade, pois a fissura, o jato de vapor, o soerguimento das gotículas são necessariamente determinados, ao passo que a criação de um mundo é um ato livre e a vida, no interior do mundo material, participa dessa liberdade. Pensemos antes num gesto como o braço que levantamos; depois suponhamos que o braço, abandonado a si mesmo, torne a cair e que, no entanto, subsista nele, esforçando-se para reerguê-lo, algo do querer que o animava: com essa imagem de um *gesto criador que se desfaz* já teremos uma representação mais exata da matéria. E veremos, então, na atividade vital, o que subsiste do movimento direto no movimento invertido, *uma realidade que se faz através daquela que se desfaz.*

E.C., 246-8.

58. A matéria, o grau mais baixo da duração

O erro do dualismo vulgar está em se situar do ponto de vista do espaço, pondo, de um lado, a matéria com suas modificações no espaço e, do outro, sensações inextensivas na consciência. Donde a impossibilidade de compreender como o espírito age sobre o corpo ou o corpo sobre o espírito. Donde as hipóteses que apenas são e podem apenas ser constatações disfarçadas do fato – a idéia de um paralelismo ou a de uma harmonia preestabelecida. Mas daí também a impossibilidade de constituir, seja uma psicologia da memória, seja uma metafísica da matéria. Tentamos estabelecer que essa psicologia e essa metafísica são solidárias e que as dificuldades se atenuam num dualismo que, partindo da percepção pura em que sujeito e objeto coincidam, promova o desenvolvimento desses dois termos em suas respectivas durações – a matéria, à medida que avançamos na sua análise, tendendo cada vez mais a não passar de uma sucessão de momentos infinitamente rápidos que se deduzem uns dos outros e, por isso, *se equivalem*; o espírito sendo já memória na percepção e se afirmando cada vez mais como um prolongamento do passado no presente, um *progresso*, uma verdadeira evolução.

Mas a relação entre corpo e espírito torna-se com isso mais clara? Substituímos uma distinção espacial por uma distinção temporal: os dois termos serão mais capazes de se unir? Deve-se notar que a primeira distinção não comporta graus: a matéria está no espaço, o espírito, fora do espaço; não há transição possível entre eles. Ao contrário, se a função mais humilde do espírito é ligar os momentos sucessivos da duração das coisas, se é nessa operação que ele toma contato com a matéria e também se distingue dela inicialmente, é possível conceber uma infinidade de graus entre a matéria e o espírito plenamente desenvolvido, o espírito capaz de ação não só indeterminada, mas racional e refletida. Cada um desses sucessivos graus, que mede uma intensidade crescente de vida, corresponde a uma tensão mais elevada de duração e se traduz exteriormente por um maior desenvolvimento do sistema sensório-motor. Devemos então considerar esse sistema nervoso? Sua complexidade crescente parecerá deixar uma latitude cada vez maior para a atividade do ser vivo, a faculdade de esperar antes de reagir e de pôr a excitação recebida em relação com uma variedade cada vez mais rica de mecanismos motores. Mas isso é só o exterior, e a organização mais complexa do sistema nervoso, que parece garantir uma maior independência do ser vivo relativamente à matéria, não faz mais que simbolizar materialmente essa própria independência, isto é, a força interior que permite ao ser libertar-se do ritmo de escoamento das coisas, reter cada vez melhor o passado para influenciar cada vez mais profundamente o porvir, ou seja, enfim, sua memória, no sentido especial que damos a essa palavra. Assim, entre a matéria bruta e o espírito mais capaz de reflexão há todas as intensidades possíveis da memória, ou, o que vem a ser o mesmo, todos os graus da liberdade.

M.M., 248-50.

59. Vida, consciência, humanidade

Radical também, por conseguinte, é a diferença entre a consciência do animal, mesmo o mais inteligente, e a consciência humana. Pois a consciência corresponde exatamente ao poder de escolha de que o ser vivo dispõe; é coextensiva ao perímetro de ação possível que envolve a ação real: consciência é sinônimo de invenção e de liberdade. Ora, no animal, a invenção nunca é mais que uma variação sobre o tema da rotina. Encerrado nos hábitos da espécie, chega sem dúvida a ampliá-los por sua iniciativa individual; mas só escapa ao automatismo por um instante, apenas o tempo de criar um novo automatismo: as portas de sua prisão voltam a se fechar tão logo se abrem; ao forçar sua corrente, só consegue esticá-la. Com o homem, a consciência rompe a corrente. No homem, e somente no homem, ela se liberta. Toda a história da vida, até então, fora a de um esforço da consciência para erguer a matéria e de um esmagamento mais ou menos completo da consciência pela matéria que tornava a cair sobre ela. Era uma empresa paradoxal – se é que se pode falar aqui, salvo como metáfora, de empresa e de esforço. Tratava-se de criar com a matéria, que é a própria necessidade, um instrumento de liberdade, de fabricar uma mecânica que triunfasse do mecanismo e de empregar o determinismo da natureza para passar através das malhas da rede que este havia estendido. Mas, por toda parte, exceto no homem, a consciência se deixou pegar na rede cujas malhas queria atravessar. Ficou cativa dos mecanismos que tinha montado. O automatismo, que pretendia infletir no sentido da liberdade, enrola-se em torno dela e a arrasta. Não tem força para subtrair-se a ele, porque a energia com que se aprovisionara para atos é quase toda empregada para manter o equilíbrio infinitamente sutil, essencialmente instável, a que conduziu a matéria. Mas o homem não se limita a manter sua máquina; consegue servir-se dela como lhe agrade. Deve-o sem dúvida à superioridade de seu cérebro, que lhe permite construir um número ilimitado de mecanismos motores, opor incessantemente novos hábitos aos antigos e, dividindo o automatismo contra ele mesmo, dominá-lo. Deve-o à sua linguagem, que fornece à consciência um corpo imaterial em que pode se encarnar, dispensando-a assim de se apoiar exclusivamente nos corpos materiais cujo fluxo primeiro a arrastaria e logo depois a engoliria. Deve-o à vida social, que armazena e conserva os esforços como a linguagem armazena o pensamento, que fixa assim um nível médio para o qual os indivíduos deverão se alçar de saída e, mediante essa excitação inicial, impede os medíocres de adormecer, instiga os melhores a subir mais alto. Mas nosso cérebro, nossa sociedade e nossa linguagem são apenas os sinais exteriores e diversos de uma única e mesma superioridade interna. Cada um à sua maneira, expressam o sucesso único, excepcional, que a vida obteve num determinado momento de sua evolução. Traduzem a diferença de natureza, e não só de grau, que separa o homem do resto da animalidade. Deixam adivinhar que se, na ponta do longo trampolim sobre o qual a vida tomara impulso, todos os outros desceram, por considerar a corda estendida alta demais, só o homem saltou o obstáculo.

E.C., 264-5.

IV. CONDIÇÃO HUMANA E FILOSOFIA

> "A filosofia deveria
> ser um esforço para superar
> a condição humana."
>
> (*P.M.*, 218.)

a) A filosofia

60. Crítica da inteligência

Partamos então da ação e formulemos como princípio que a inteligência visa em primeiro lugar fabricar. A fabricação se exerce exclusivamente sobre a matéria bruta, no sentido de que, mesmo quando emprega materiais organizados, trata-os como objetos inertes, sem se preocupar com a vida que os informou. Da própria matéria bruta, só retém o sólido: o resto se esquiva justamente por sua fluidez. Portanto, se a inteligência tende a fabricar, pode-se prever que aquilo que há de fluido no real lhe escapará em parte e que aquilo que há de propriamente vital no vivo lhe escapará por completo. *Nossa inteligência, tal como sai das mãos da natureza, tem por objeto principal o sólido inorganizado.*

Caso passássemos em revista as faculdades intelectuais, veríamos que a inteligência só se sente à vontade, só está totalmente em casa, quando opera sobre a matéria bruta, em particular sobre os sólidos. Qual é a propriedade mais geral da matéria bruta? É extensa, apresenta-nos objetos exteriores a outros objetos e, nesses objetos, partes exteriores a partes. Tendo em vista nossas manipulações posteriores, é-nos sem dúvida útil considerar cada objeto como divisível em partes arbitrariamente recortadas, cada parte sendo novamente divisível segundo nosso capricho, e assim por diante, indefinidamente. Mas, para a manipulação presente, é-nos sobretudo necessário tomar o objeto real com que lidamos ou os elementos reais nos quais o resolvemos por *provisoriamente definitivos* e tratá-los todos como *unidades*. À possibilidade de decompor a matéria tanto quanto quisermos e como quisermos aludimos quando falamos da *continuidade* da extensão material; mas essa continuidade, como se vê, reduz-se para nós à faculdade que a matéria nos dá de escolher o modo de descontinuidade que encontraremos nela: em suma, é sempre o modo de descontinuidade, uma vez escolhido, que nos parece efetivamente real e que prende a nossa atenção, porque é por ele que se regula nossa ação presente. Por isso, a descontinuidade é pensada por si mesma, é pensável em si mesma, nós a concebemos por um ato positivo de nosso espírito, ao passo que a representação intelectual da continuidade é antes negativa, não sendo, no fundo, mais que a recusa de nosso espírito, diante de qualquer sistema de decomposição atualmente dado, de tomá-lo como o único possível. *A inteligência só concebe claramente o descontínuo.*

Por outro lado, os objetos sobre os quais nossa ação se exerce são, sem dúvida nenhuma, objetos móveis. O que nos importa, contudo, é saber *para onde* o móvel vai, *onde* ele está num momento qualquer de seu trajeto. Em outras palavras, interessamo-nos sobretudo por suas posições atuais ou futuras e não pelo *progresso* mediante o qual ele passa de uma posição para a outra, progresso que é o próprio movimento. Nas ações que realizamos, e que são movimentos sistematizados, é no objetivo ou na significação do movimento, no seu desenho de conjunto, em suma, no plano de execução imóvel que fixamos nosso espírito. O que há de movente na ação só nos interessa na medida em que a sua totalidade possa ser avançada, retardada ou impedida por tal ou qual incidente de percurso. Da própria mobilidade nossa inteligência desvia a atenção, porque não tem nenhum interesse em se ocupar dela. Se estivesse destinada à teoria pura, seria no movimento que se instalaria, pois o movimento é sem dúvida a própria realidade e a imobilidade nunca é mais que aparente ou relativa. Mas a inteligência está destinada a algo totalmente diferente. A menos que violente a si mesma, segue o caminho inverso: é da imobilidade que sempre parte, como se fosse a realidade última ou o elemento; quando quer representar o movimento, reconstrói-o com imobilidades que justapõe umas às outras. Essa operação, cuja ilegitimidade e cujo perigo na ordem especulativa mostraremos (conduz a impasses e cria artificialmente problemas filosóficos insolúveis)[1], justifica-se sem dificuldade quando nos reportamos à sua destinação. A inteligência em estado natural visa um objetivo praticamente útil. Quando substitui o movimento por imobilidades justapostas, não pretende reconstituir o movimento tal como é; simplesmente o troca por um equivalente prático. São os filósofos que se enganam quando transportam para o terreno da especulação um método de pensar feito para a ação. Mas pretendemos voltar a esse ponto.

1. Cf. textos 14 e 15.

Limitemo-nos a dizer que o estável e o imutável são aquilo a que nossa inteligência se prende em virtude de sua disposição natural. *Nossa inteligência só concebe claramente a imobilidade.*

E.C., 154-6.

61. Crítica da metafísica

Dizíamos que há *mais* num movimento que nas posições sucessivas atribuídas ao móvel, *mais* num devir que nas formas atravessadas sucessivamente, *mais* na evolução da forma que as formas realizadas uma depois da outra. A filosofia poderá, portanto, extrair dos termos do primeiro tipo os do segundo, mas não do segundo os do primeiro: é do primeiro que a especulação deveria partir. Mas a inteligência inverte a ordem dos dois termos e, no tocante a esse ponto, a filosofia antiga procede da mesma maneira que a inteligência. Instala-se, pois, no imutável, oferecerá a si mesma somente Idéias. No entanto, há devir, é um fato. Como, tendo proposto apenas a imutabilidade, faremos sair dela a mudança? Não pode ser por adição de algo, pois, por hipótese, não existe nada positivo fora as Idéias. Será portanto por uma diminuição. No fundo da filosofia antiga jaz necessariamente este postulado: há mais no imóvel que no movente, e, por via de diminuição e de atenuação, passa-se da imutabilidade ao devir.

É portanto algo negativo, ou no máximo um zero, que será preciso acrescentar às Idéias para obter a mudança. Nisso consiste o "não-ser" platônico, a "matéria" aristotélica – um zero metafísico que, apensado à Idéia, como o zero aritmético à unidade, multiplica-a no espaço e no tempo. Por meio dele, a Idéia imóvel e simples se refrata num movimento indefinidamente propagado. De direito, só deveria haver Idéias imutáveis, imutavelmente encaixadas umas nas outras. De fato, a matéria vem acrescentar-lhes seu vazio e, no mesmo ato, libera o devir universal. Ela é o inapreensível nada que, infiltrando-se entre as Idéias, cria a agitação sem fim e a eterna inquietude, como uma desconfiança que se insinua entre dois corações que se amam. Degradem as idéias imutáveis: obterão, assim fazendo, o fluxo perpétuo das coisas. As Idéias ou Formas são sem dúvida a totalidade da realidade inteligível, isto é, da verdade, uma vez que representam, reunidas, o equilíbrio teórico do Ser. Quanto à realidade sensível, ela é uma oscilação indefinida de um lado para o outro desse ponto de equilíbrio.

Daí temos, através de toda a filosofia das Idéias, uma certa concepção da duração, bem como da relação entre o tempo e a eternidade. Para quem se instala no devir, a duração aparece como a própria vida das coisas, como a realidade fundamental. As Formas, que o espírito isola e armazena em conceitos, não são, então, mais que vistas tomadas da realidade mutável. São momentos colhidos ao longo da duração, e, precisamente porque cortaram o fio que as ligava ao tempo, elas não duram mais. Tendem a se confundir com sua própria definição, ou seja, com a reconstrução artificial e a expressão simbólica que é seu equivalente intelectual. Podem até entrar na eternidade; mas o que têm de eterno já se confunde com o que têm de irreal. – Ao contrário, caso se trate o devir pelo método cinematográfico, as Formas não são mais vistas tomadas da mudança, são seus elementos constitutivos, representam tudo o que há de positivo no devir. A eternidade não paira mais por cima do tempo como uma abstração, funda-o como uma realidade. Tal é precisamente a atitude da filosofia das Formas ou das Idéias a esse respeito. Ela estabelece entre a eternidade e o tempo a mesma relação que há entre a moeda de ouro e a moeda de troco – moeda tão miúda que o pagamento prossegue indefinidamente sem que algum dia a dívida seja paga: com a moeda de ouro nos libertaríamos de uma só vez. É o que Platão exprime na sua magnífica linguagem ao dizer que Deus, não podendo fazer o mundo eterno, lhe deu o Tempo, "imagem móvel da eternidade".

E.C., 315-7.

62. Crítica da crítica

Uma das idéias mais importantes e mais profundas da *Crítica da razão pura* é a seguinte: se a metafísica é possível é por uma visão e não por uma dialética. A dialética nos conduz a filosofias opostas; demonstra igualmente a tese e a antítese das antinomias. Somente uma intuição superior (que Kant chama de uma intuição "intelectual"), ou seja, uma *percepção* da realidade metafísica, permitiria à metafísica constituir-se. O resultado mais claro da *Crítica* kantiana é, portanto, mostrar que só se poderia penetrar no mais além por uma visão, e que, nesse terreno, uma doutrina só vale pelo que contém de percepção: tome essa percepção, analise-a, recomponha-a, vire e revire-a em todos os sentidos, submeta-a às mais sutis operações da mais alta química intelectual e você jamais retirará de seu crisol mais do que pôs ali; reencontrará ali o mesmo tanto de visão que tiver introduzido; e o raciocínio não o terá feito avançar um passo *para além* do que já tinha percebido antes. É isso o que Kant mostrou às claras; e é esse, no meu entender, o maior serviço que prestou à filosofia especulativa. Estabelece de modo definitivo que, se a metafísica é possível, só o é por um esforço de intuição. – No entanto, tendo provado que só a intuição seria capaz de nos dar uma metafísica, acrescentou: essa intuição é impossível.

Por que a julgou impossível? Precisamente porque concebeu uma visão desse tipo – ou seja, uma visão da realidade "em si" – tal como a tinha concebido Plotino, tal como a conceberam em geral aqueles que fizeram apelo à intuição metafísica. Todos entenderam esta última como uma faculdade de conhecer que se distinguiria radicalmente tanto da consciência como dos sentidos, que estaria até mesmo orientada no sentido inverso. Todos acreditaram que se desligar da vida prática era virar-lhe as costas.

Por que acreditaram nisso? Por que Kant, o adversário deles, incorreu no mesmo erro? Por que fizeram esse juízo, embora dele tirassem conclusões opostas, uns construindo imediatamente uma metafísica, outros declarando a metafísica impossível?

Acreditaram porque imaginaram que nossos sentidos e nossa consciência, tal como funcionam na vida de todos os dias, nos faziam apreender diretamente o movimento. Acreditaram que por meio de nossos sentidos e de nossa consciência, trabalhando como trabalham comumente, percebíamos realmente a mudança nas coisas e a mudança em nós. Então, como é incontestável que seguindo os dados habituais de nossos sentidos e de nossa consciência desembocamos, na ordem da especulação, em contradições insolúveis, concluíram daí que a contradição era inerente à própria mudança e que, para se subtrair a essa contradição, era preciso sair da esfera da mudança e elevar-se acima do Tempo. É essa a essência do pensamento dos metafísicos, como também do pensamento daqueles que, com Kant, negam a possibilidade da metafísica.

A metafísica nasceu, com efeito, dos argumentos de Zenão de Eléia relativos à mudança e ao movimento. Foi Zenão que, chamando a atenção para o absurdo do que chamava movimento e mudança, levou os filósofos – Platão em primeiríssimo lugar – a buscar a realidade coerente e verdadeira no que não muda. E foi porque Kant acreditou que nossos sentidos e nossa consciência se exercem efetivamente num Tempo verdadeiro, ou seja, num Tempo que muda incessantemente, numa duração que dura, foi porque, por outro lado, ele se dava conta da relatividade dos dados usuais de nossos sentidos e de nossa consciência (aliás, detida por ele bem antes do termo transcendente de seu esforço) que julgou a metafísica impossível sem uma visão totalmente diferente daquela dos sentidos e da consciência – visão da qual, por outra parte, não encontrava vestígio algum no homem.

Mas se pudéssemos estabelecer que o que foi considerado como movimento e mudança por Zenão em primeiro lugar e depois pelos metafísicos em geral não é nem mudança nem movimento, que eles retiveram da mudança o que não muda e do movimento o que não se move, que tomaram por uma percepção imediata e completa do movimento e da mudança uma cristalização dessa percepção, uma solidificação destinada à prática – e se pudéssemos mostrar, por outro lado, que o que foi tomado por Kant como o próprio tempo é um tempo que nem escoa nem muda nem dura –, então, para se subtrair a contradições como as que Zenão assinalou e para livrar nosso conhecimento diário da relatividade de que Kant o acreditava afetado, não haveria que sair do tempo (já saímos dele!), não haveria que se libertar da mudança (já nos libertamos até demais dela!), haveria, ao contrário, que voltar a apreender a mudança e o tempo em sua mobilidade original. Então, não veríamos somente cair uma a uma muitas dificuldades e desaparecer mais de um problema: pela extensão e revivificação de nossa faculdade de perceber, talvez também (mas por enquanto não se trata de elevar-se a tais alturas) por um prolongamento que almas privilegiadas darão à intuição, restabeleceríamos a continuidade no conjunto de nossos conhecimentos – continuidade que não seria mais hipotética e construída, mas experimentada e vivida.

P.M., 154-7.

63. A filosofia como esforço

A consciência que nos é própria é a consciência de um certo ser vivo, localizado num certo ponto do espaço; e, embora vá realmente na mesma direção que seu princípio, é incessantemente puxada no sentido inverso, obrigada, ainda que ande para a frente, a olhar para trás. Essa visão retrospectiva é, como mostramos, a função natural da inteligência e, por conseguinte, da consciência distinta. Para que nossa consciência coincidisse com algo de seu princípio, seria preciso que se desligasse do *já feito* e se ligasse ao *fazendo-se*. Seria preciso que a faculdade de *ver*, voltando-se e torcendo-se sobre si mesma, não se distinguisse mais do ato de *querer*. Esforço doloroso, que podemos despender bruscamente violentando a natureza, mas não sustentar para além de alguns instantes. Na ação livre, quando contraímos todo o nosso ser para lançá-lo para a frente, temos a consciência mais ou menos clara dos motivos e dos móbeis, e até, a rigor, do devir pelo qual eles se organizam em ato; mas o puro querer, a corrente que atravessa essa matéria comunicando-lhe a vida, é algo que mal sentimos, que no máximo roçamos de passagem. Tentemos instalar-nos nele, nem que seja por um instante: mesmo então, é um querer individual, fragmentário, que apreenderemos. Para chegar ao princípio de toda vida bem como de toda materialidade, seria preciso ir ainda mais longe. É impossível? Certamente não; a história da filosofia está aí para comprová-lo. Não existe sistema duradouro que não seja, em pelo menos algumas de suas partes, vivificado pela intuição. A dialética é necessária para pôr a intuição à prova, necessária também para que a intuição se refrate em conceitos e se propague a outros homens; mas, muito freqüentemente, não faz mais que desenvolver o resultado dessa intuição que a supera. A bem dizer, são dois métodos de sentido contrário: o mesmo esforço por meio do qual ligamos idéias a idéias faz desaparecer a intuição que as idéias se propunham armazenar. O filósofo é obrigado a abandonar a intuição depois de ter recebido seu elã e a fiar-se em si mesmo para continuar o movimento, empurrando os conceitos agora uns atrás dos outros. Bem rapidamente, porém, sente que perdeu pé: um novo contato se faz necessário; será preciso desfazer a maior parte do que se tinha feito. Em suma, a dialética é o que assegura o acordo de nosso pensamento consigo mesmo. Mas, mediante a dialética – que não é mais que uma distensão da intuição –, muitos acordos diferentes são possíveis, e, no entanto, só existe uma verdade. A intuição, se pudesse se prolongar para além de alguns instantes, não só asseguraria o acordo do filósofo com seu próprio pensamento, mas também o de todos os filósofos entre si. Tal como existe, fugaz e incompleta, ela é, em cada sistema, o que vale mais que o sistema e o que sobrevive a ele. O objetivo da filosofia seria atingido se essa intuição pudesse manter-se, generalizar-se e, sobretudo, assegurar-se pontos de referência exteriores para não se extraviar. Para tanto, é necessário um vaivém contínuo entre a natureza e o espírito.

E.C., 238-40.

64. A filosofia como percepção

Eis, portanto, a questão que se coloca e que tenho por essencial. Uma vez que todo ensaio de filosofia puramente conceitual suscita tentativas antagonistas e que, no terreno da dialética pura, não há sistema ao qual não se possa opor outro, permaneceremos nesse terreno ou não deveríamos, antes (sem renunciar, é óbvio, ao exercício das faculdades de concepção e de raciocínio), retornar à percepção, conseguir que ela se dilate e se estenda? Dizia que é a insuficiência da percepção natural que levou os filósofos a completar a percepção com a concepção – devendo esta preencher os intervalos entre os dados dos sentidos ou da consciência e, assim, unificar e sistematizar nosso conhecimento das coisas. Mas o exame das doutrinas nos mostra que a faculdade de conceber, à medida que avança nesse trabalho de integração, vê-se obrigada a eliminar do real um grande número de diferenças qualitativas, a apagar em parte nossas percepções, a empobrecer nossa visão concreta do universo. É até mesmo porque cada filosofia é levada a proceder assim, quer queira quer não, que ela suscita filosofias antagonistas, cada uma das quais retoma algo do que aquela deixou de lado. Portanto, o método vai contra o objetivo: teoricamente, deveria estender e completar a percepção; de fato, é obrigado a pedir a um monte de percepções que desvaneçam para que tal ou qual delas possa tornar-se representativa das outras. – Suponham, no entanto, que em vez de querer nos elevar acima de nossa percepção das coisas, mergulhássemos nela para aprofundá-la e ampliála. Suponham que nela inseríssemos nossa vontade, e que essa vontade, dilatando-se, dilate nossa visão das coisas. Obteríamos dessa feita uma filosofia onde não haveria nenhum sacrifício dos dados dos sentidos e da consciência: nenhuma qualidade, nenhum aspecto do real substituiria o resto a pretexto de explicá-lo. Mas teríamos sobretudo uma filosofia à qual não se poderiam opor outras, pois ela não teria deixado nada fora dela que outras doutrinas pudessem recolher: teria pego tudo. Teria pego tudo o que está dado e até mais do que está dado, pois os sentidos e a consciência, convidados por ela a um esforço excepcional, ter-lhe-iam entregado mais do que fornecem naturalmente. À multiplicidade de sistemas que lutam entre si armados de conceitos diferentes, sucederia a unidade de uma doutrina capaz de reconciliar todos os pensadores numa mesma percepção – percepção, aliás, que iria se ampliando graças ao esforço combinado dos filósofos numa direção comum.

P.M., 147-9.

65. A filosofia como empirismo

Portanto, é bem menor do que se supõe a distância entre um suposto "empirismo" como o de Taine e as especulações mais transcendentes de certos panteístas alemães. O método é análogo em ambos os casos: consiste em raciocinar sobre os *elementos* da tradução como se fossem partes do original. Mas o verdadeiro empirismo é aquele que se propõe a cercar o máximo possível o pró prio original, aprofundar-se na sua vida e, por uma espécie de *auscultação espiritual,* sentir palpitar sua alma; e esse empirismo verdadeiro é a verdadeira metafísica. O trabalho é de uma dificuldade extrema, porque nenhuma das concepções já prontas de que o pensamento se serve para suas operações diárias lhe serve mais. Não há nada mais fácil que dizer que o eu é multiplicidade, ou que ele é unidade, ou que é a síntese de ambas. Unidade e multiplicidade são aqui representações que não precisamos talhar conforme o objeto, que já encontramos fabricadas e temos apenas que escolher de um monte, roupas de confecção que cairão tão bem em Pedro como em Paulo, porque não desenham a forma de nenhum dos dois. Mas um empirismo digno do nome, um empirismo que só trabalha sob medida, vê-se obrigado, para cada novo objeto que estuda, a despender um esforço absolutamente novo. Talha para o objeto um conceito apropriado apenas ao objeto, conceito do qual mal se pode dizer que ainda seja um conceito, uma vez que só se aplica a essa única coisa. Não procede por combinação de idéias encontradas no comércio, unidade e multiplicidade, por exemplo; mas a representação para a qual nos encaminha é, ao contrário, uma representação única, simples, a qual, aliás, uma vez formada, pode ser incluída nos quadros unidade, multiplicidade etc., o que é fácil de explicar já que são todos bem mais largos que ela. Finalmente, a filosofia assim definida não consiste em escolher entre conceitos e tomar o partido de uma escola, mas em ir buscar uma intuição única da qual tornamos a descer aos mais diversos conceitos, porque nos colocamos acima das divisões de escola.

Que a personalidade tenha unidade é algo certo; mas semelhante afirmação não me ensina nada sobre a natureza extraordinária dessa unidade que é a pessoa. Que nosso eu seja múltiplo é algo com que também concordo, mas há nele uma multiplicidade com relação à qual se deve reconhecer que ela não tem nada de comum com nenhuma outra. O que importa verdadeiramente para a filosofia é saber *que* unidade, *que* multiplicidade, *que* realidade superior ao um e ao múltiplo abstratos é a unidade múltipla da pessoa. E só o saberá se recuperar a intuição simples do eu pelo eu. Então, conforme a encosta que escolher para tornar a descer desse cume, desembocará na unidade, ou na multiplicidade, ou em qualquer um dos conceitos por meio dos quais se tenta definir a vida movente da pessoa. Mas nenhuma mistura desses conceitos entre si, voltamos a repeti-lo, daria nada que se pareça com a pessoa que dura.

P.M., 196-7.

66. Empirismo e misticismo

Reconhecemos, contudo, que, abandonada a si mesma, a experiência mística não pode trazer para o filósofo a certeza definitiva. Só seria totalmente convincente se este tivesse chegado por outra via, tal como a experiência sensível e o raciocínio fundado nela, a considerar possível a existência de uma experiência privilegiada por meio da qual o homem entraria em comunicação com um princípio transcendente. Encontrar nos místicos essa experiência, tal como esperada, permitiria, então, ampliar os resultados já estabelecidos, ao passo que esses resultados estabelecidos fariam repercutir sobre a experiência mística algo da própria objetividade deles. Não existe outra fonte de conhecimento que não seja a experiência. Mas, como a notação intelectual do fato extrapola necessariamente o fato bruto, as experiências estão longe de ser todas igualmente conclusivas e de autorizar a mesma certeza. Muitas nos conduzem a conclusões simplesmente prováveis. Todavia, as probabilidades podem somar-se e a soma dar um resultado que equivalha praticamente à certeza. Falávamos outrora daquelas "linhas de fatos" que fornecem, cada uma, tão-somente a direção da verdade, porque não vão longe o suficiente: contudo, prolongando duas delas até o ponto onde se cortam, chega-se à própria verdade. O agrimensor mede a distância de um ponto inacessível mirando-o sucessivamente de dois pontos aos quais tem acesso. Estimamos que esse método de cruzamento é o único que pode fazer avançar definitivamente a metafísica. Por meio dele se estabelecerá uma colaboração entre filósofos; a metafísica, assim como a ciência, progredirá por acumulação gradual de resultados estabelecidos, em vez de ser um sistema completo, que é preciso pegar ou largar, sempre contestado, sempre a recomeçar. No entanto, verifica-se precisamente que o aprofundamento de uma certa ordem de problemas, totalmente diferentes do problema religioso, levou-nos a conclusões que tornavam provável a existência de uma experiência singular, privilegiada, tal como a experiência mística. E, por outro lado, a experiência mística, estudada por si mesma, fornece-nos indicações capazes de se somar aos ensinamentos obtidos num terreno totalmente diferente, mediante um método totalmente diferente. Há portanto aqui realmente reforço e complementação mútuos. Comecemos pelo primeiro ponto.

Foi seguindo tão de perto quanto possível os dados da biologia que havíamos chegado à concepção de um elã vital e de uma evolução criadora... Essa concepção não tinha nada de comum com as hipóteses sobre as quais são construídas as metafísicas; era uma condensação de fatos, um resumo de resumos. Agora, de onde vinha o elã, e qual era o seu princípio? Caso se bastasse a si mesmo, o que seria em si mesmo e que sentido se deveria dar ao conjunto de suas manifestações? Para essas perguntas, os fatos considerados não forneciam nenhuma resposta; mas era possível perceber de que direção a resposta poderia vir. Com efeito, a energia lançada através da matéria aparecera-nos como infraconsciente ou supraconsciente, em todo caso de mesma espécie que a consciência. Tivera de contornar muitos obstáculos, encolher-se para passar e sobretudo se dividir entre linhas de evolução divergentes; finalmente, foi na extremidade das duas linhas principais que encontramos os dois modos de conhecimento nos quais ela se tinha instalado para se materializar, o instinto do inseto e a inteligência do homem. O instinto era intuitivo, a inteligência refletia e raciocinava. É verdade que a intuição tivera que se degradar para tornar-se instinto; tinha ficado hipnotizada pelo interesse da espécie e o que tinha conservado de consciência assumira a forma sonambúlica. Mas, assim como em torno do instinto animal subsistia uma franja de inteligência, também a inteligência humana estava aureolada de intuição. Esta, no homem, permanecera plenamente desinteressada e consciente, mas era apenas uma pequena luz, e que não se projetava muito longe. Contudo, é dela que viria a luz, se algum dia devesse iluminar-se o interior do elã vital, sua significação, sua destinação. Pois estava voltada para dentro; e se, por uma primeira intensificação, ela nos fazia apreender a continuidade de nossa vida interior, se a maioria de nós não fosse mais longe, uma intensificação superior a levaria, quem sabe, até as raízes de nosso ser e, assim, até o próprio princípio da vida em geral. A alma mística não tinha justamente esse privilégio?

M.R., 263-5.

b) A condição humana e sua superação

67. Situação da inteligência

Essa solução consistiria primeiro em considerar a inteligência uma função especial do espírito, essencialmente voltada para a matéria inerte[2]. Consistiria em seguida em dizer que nem a matéria determina a forma da inteligência, nem a inteligência impõe sua forma à matéria, nem a matéria e a inteligência foram regradas uma pela outra por não sei que harmonia preestabelecida, mas que a inteligência e a matéria se adaptaram progressivamente uma à outra para finalmente se deterem numa forma comum. *Essa adaptação ter-se-ia efetuado, aliás, de modo totalmente natural, porque é a mesma inversão do mesmo movimento que criou ao mesmo tempo a intelectualidade do espírito e a materialidade das coisas.*

Desse ponto de vista, o conhecimento que nos dão da matéria nossa percepção, por um lado, e a ciência, por outro, aparece-nos como aproximativo, por certo, mas não

---

2. O problema levantado por Bergson é o de uma gênese *simultânea* da inteligência e dos corpos. Critica a metafísica por brindar-se primeiro a inteligência num princípio; critica Spencer por se conceder a existência de objetos já exteriores uns aos outros.

como relativo. Nossa percepção, cujo papel é aclarar nossas ações, opera um seccionamento da matéria que será sempre nítido demais, sempre subordinado a exigências práticas, sempre a ser revisto, conseqüentemente. Nossa ciência, que aspira a assumir a forma matemática, acentua mais do que é preciso a espacialidade da matéria; portanto, seus esquemas serão, em geral, precisos demais e, aliás, sempre a ser refeitos. Para que uma teoria científica fosse definitiva, seria preciso que o espírito pudesse abarcar em bloco a totalidade das coisas e situá-las exatamente umas em relação às outras; mas, na realidade, somos obrigados a levantar os problemas um por um, em termos que são, por isso mesmo, provisórios, de sorte que a solução de cada problema deverá ser indefinidamente corrigida pela solução que for dada aos problemas seguintes, e a ciência, em seu conjunto, é relativa à ordem contingente na qual os problemas foram levantados sucessivamente. É nesse sentido e nessa medida que é preciso tomar a ciência por convencional, mas a convencionalidade é de fato, por assim dizer, e não de direito. Em princípio, a ciência positiva versa sobre a própria realidade, contanto que não saia de seu domínio próprio, que é a matéria inerte.

O conhecimento científico, assim entendido, eleva-se. Em compensação, a teoria do conhecimento torna-se uma empresa infinitamente difícil e que ultrapassa as forças da pura inteligência. Não basta, com efeito, determinar, por uma análise conduzida com prudência, as categorias do pensamento, trata-se de engendrá-las. No que concerne ao espaço, dever-se-ia, por um esforço *sui generis* do espírito, seguir a progressão, ou antes, a regressão do extra-espacial degradando-se em espacialidade. Colocando-nos, de início, tão alto quanto possível na nossa própria consciência para nos deixar em seguida cair pouco a pouco, temos efetivamente a sensação de que nosso eu se estende em lembranças inertes exteriorizadas umas com relação às outras, em vez de se tensionar em um querer indivisível e atuante. Mas isso é só um começo. Nossa consciência, ao esboçar o movimento, nos mostra sua direção e nos faz entrever a possibilidade que ele tem de continuar até o fim; ela não vai tão longe. Em compensação, se considerarmos a matéria que nos parece inicialmente coincidir com o espaço, descobrimos que, quanto mais nossa atenção se fixa nela, mais as partes que dizíamos estar justapostas entram umas dentro das outras, cada uma delas sofrendo a ação do todo que lhe é, por conseguinte, presente de alguma maneira. Assim, ainda que se desdobre no sentido do espaço, a matéria não consegue fazê-lo por completo: do que se pode concluir que ela não faz mais que continuar bem mais longe o movimento que a consciência podia esboçar em nós em estado nascente. Seguramos, pois, as duas pontas da corrente, embora não consigamos agarrar os outros elos. Sempre nos escaparão? Deve-se considerar que a filosofia, tal como a definimos, ainda não tomou consciência completa de si mesma. A física compreende seu papel quando empurra a matéria no sentido da espacialidade; mas teria a metafísica compreendido o seu quando pura e simplesmente acertava o passo com a física, com a quimérica esperança de ir mais longe na mesma direção? Sua tarefa própria não seria, pelo contrário, voltar a subir a encosta que a física desce, reconduzir a matéria a suas origens e constituir progressivamente uma cosmologia que seria, se assim se pode dizer, uma psicologia invertida? Tudo o que aparece como *positivo* para o físico e para o geômetra torna-se, desse novo ponto de vista, interrupção ou interversão da positividade verdadeira, que caberia definir em termos psicológicos.

É certo que, se considerarmos a ordem admirável da matemática, o acordo perfeito dos objetos de que ela se ocupa, a lógica imanente aos números e às figuras, a certeza que temos, seja qual for a diversidade e a complexidade de nossos raciocínios sobre o mesmo tema, de dar sempre na mesma conclusão, hesitaremos em ver em propriedades de aparência tão positiva um sistema de negações, a ausência mais que a presença de uma realidade verdadeira. Mas não devemos esquecer que a nossa inteligência, que constata essa ordem e que a admira, está dirigida no mesmo sentido do movimento que desemboca na materialidade e na espacialidade de seu objeto. Quanto mais complicação põe no seu objeto ao analisá-lo, mais complicada é a ordem que nele encontra. E essa ordem e essa complicação dão-lhe necessariamente a impressão de uma realidade positiva, já que são de mesmo sentido que ela.

E.C., 207-10.

68. Possibilidades da inteligência

Uma inteligência que reflete é uma inteligência que, afora o esforço praticamente útil, possuía um excedente de força para gastar. É uma consciência que, virtualmente, já se reconquistou a si mesma. Mas ainda é preciso que a virtualidade passe ao ato. É de presumir que, sem a linguagem, a inteligência teria ficado atada aos objetos materiais que tinha interesse em considerar. Teria vivido num estado de sonambulismo, exteriormente a si mesma, hipnotizada por seu trabalho. A linguagem contribuiu muito para libertá-la. A palavra, feita para ir de uma coisa para outra, é, com efeito, essencialmente deslocável e livre. Poderá, portanto, estender-se, não só de uma coisa percebida a outra coisa percebida, mas também da coisa percebida à lembrança dessa coisa, da lembrança precisa a uma imagem mais fugidia, de uma imagem fugidia, mas no entanto ainda representada, à representação do ato pelo qual é representada, ou seja, à idéia. Abrir-se-á, assim, aos olhos da inteligência que olhava para fora, todo um mundo interior, o espetáculo de suas próprias operações. Ela, aliás, estava só esperando essa oportunidade. Aproveita-se do fato de que a palavra é ela mesma uma coisa para penetrar, levada pela palavra, no interior de seu próprio trabalho. Por mais que seu primeiro ofício fosse fabricar instrumentos, essa fabricação só é possível pelo emprego de certos meios que não estão talhados na medida exata de seu objeto, que o ultrapassam e que, dessa forma, permitem à inteligência um trabalho suplementar, isto é, desinteressado. A partir do dia em que a inteligência, refletindo sobre seus procedimentos, percebe-se a si mesma como criadora de idéias, como faculdade de representação em geral, não há mais objeto do qual não queira ter a idéia, mesmo que este não tenha relação direta com a ação prática. Eis por que dizíamos que existem coisas que só a inteligência pode procurar. Com efeito, só ela se preocupa com teoria. E sua teoria gostaria de abarcar tudo, não só a matéria bruta, sobre a qual tem naturalmente domínio, mas também a vida e o pensamento.

E.C., 159-60.

69. Situação da sociedade

Instinto e inteligência têm por objetivo essencial utilizar instrumentos: ora ferramentas inventadas e, por conseguinte, variáveis e imprevistas; ora órgãos fornecidos pela natureza e, por conseguinte, imutáveis. O instrumento, aliás, está destinado a um trabalho, e esse trabalho é tanto mais eficaz quanto mais especializado e, por conseguinte, mais dividido for entre trabalhadores diversamente qualificados que se completam mutuamente. Portanto, a vida social é imanente, como um vago ideal, tanto ao instinto como à inteligência; esse ideal encontra sua realização mais completa na colméia ou no formigueiro por um lado, nas sociedades humanas, por outro. Humana ou animal, uma sociedade é uma organização; implica uma coordenação e geralmente também uma subordinação de elementos uns aos outros; oferece, pois, um conjunto de regras ou leis simplesmente vividas ou, ademais, representadas. Mas, numa colméia ou num formigueiro, o indivíduo está atado ao seu emprego por sua estrutura e a organização é relativamente invariável, ao passo que a forma da cidade humana é variável, aberta a todos os progressos. Disso resulta que, nos primeiros, cada regra é imposta pela natureza, ela é necessária; ao passo que, nas outras, uma única coisa é natural, a necessidade de uma regra. Portanto, numa sociedade humana, quanto mais se cavar até a raiz das obrigações diversas para chegar à obrigação em geral, mais a obrigação tenderá a se tornar necessidade, mais irá se aproximar do instinto no que ela tem de imperioso. Ainda assim, seria cometer um enorme engano querer relacionar o instinto com uma obrigação particular, fosse ela qual fosse. O que será preciso lembrar sempre é que, embora nenhuma obrigação seja de natureza instintiva, o todo da obrigação *teria sido* instinto se as sociedades humanas não estivessem de alguma maneira lastreadas de variabilidade e de inteligência. É um instinto virtual, como aquele que há por trás do hábito de falar. A moral de uma sociedade humana é de fato comparável à sua linguagem. Deve-se notar que embora as formigas troquem sinais entre si, como parece provável que façam, o sinal lhes é fornecido pelo próprio instinto que as faz comunicarem-se. Pelo contrário, uma língua é um produto do uso. Nada, nem no vocabulário nem mesmo na sintaxe, vem da natureza. No entanto, falar é natural, e os sinais invariáveis, de origem natural, que provavelmente servem numa sociedade de insetos representam o que teria sido nossa linguagem se a natureza, outorgando-nos a faculdade de falar, não lhe tivesse acrescido essa função fabricadora e utilizadora da ferramenta, inventiva por conseguinte, que é a inteligência. Não cessemos de nos reportar ao que a obrigação *teria sido* se a sociedade humana tivesse sido instintiva em vez de ser inteligente: não explicaremos, assim, nenhuma obrigação em particular, daremos até, da obrigação em geral, uma idéia que seria falsa se nos ativéssemos a ela; e, no entanto, deveremos pensar nessa sociedade instintiva como um simétrico da sociedade inteligente se não quisermos nos meter sem fio condutor na busca dos fundamentos da moral.

M.R., 22-3.

70. Possibilidades da sociedade

A vida, por outro lado, poderia ter-se limitado a isso e não fazer mais nada além de constituir sociedades fechadas, cujos membros tivessem estado ligados uns aos outros por rígidas obrigações. Compostas de seres inteligentes, as sociedades teriam apresentado uma variabilidade que não se encontra nas sociedades animais, regidas pelo instinto; mas a variação não teria sido suficiente para encorajar o sonho de uma transformação radical; a humanidade não teria se modificado a ponto de uma sociedade única, que abrangesse todos os homens, aparecer como possível. De fato, esta ainda não existe e talvez nunca exista: ao dar ao homem a conformação moral de que necessitava para viver em grupo, a natureza provavelmente fez pela espécie tudo o que podia. Mas, assim como existiram gênios que fizeram recuar as fronteiras da inteligência e foi concedido a alguns indivíduos, de tempos em tempos, bem mais do que fora possível dar de golpe à espécie, assim também surgiram almas privilegiadas que se sentiam aparentadas com todas as almas e que, em vez de permanecer nos limites do grupo e ater-se à solidariedade estabelecida pela natureza, voltavam-se para a humanidade em geral num elã de amor. O aparecimento de cada uma delas era como a criação de uma nova espécie composta de um indivíduo único, o impulso vital desembocando de tempos em tempos, num determinado homem, em um resultado que não poderia ter sido obtido de golpe para o conjunto da humanidade. Cada uma delas marcava assim um certo ponto alcançado pela evolução da vida; e cada uma delas manifestava de uma forma original um amor que parecia ser a própria essência do esforço criador. A emoção criadora que enlevava essas almas privilegiadas e que era um transbordamento de vitalidade espalhou-se em torno delas: entusiastas, irradiavam um entusiasmo que nunca se apagou de todo e que pode sempre reencontrar sua chama. Hoje, quando ressuscitamos pelo pensamento esses grandes homens de bem, quando os ouvimos falar e quando os vemos fazer, sentimos que eles nos comunicam seu ardor e que nos arrastam no seu movimento: não é mais uma coerção mais ou menos atenuada, é uma mais ou menos irresistível atração. Mas essa segunda força, assim como a primeira, não precisa de explicação. Você não pode não se impor a semicoação exercida por hábitos que correspondem simetricamente ao instinto; você não pode não propor esse enlevo da alma que é a emoção: no primeiro caso, você tem a obrigação original e, no outro, algo que se torna seu prolongamento; mas, em ambos os casos, está diante de forças que não são própria e exclusivamente morais e das quais não cabe ao moralista fazer a gênese. Por ter querido fazê-la, os filósofos ignoraram o caráter misto da obrigação sob sua forma atual; em seguida, tiveram de atribuir a essa ou àquela representação da inteligência o poder de conduzir a vontade: como se alguma vez uma idéia pudesse exigir categoricamente sua própria realização! Como se a idéia fosse outra coisa aqui que não o extrato intelectual comum, ou melhor, a projeção no plano intelectual de um conjunto de tendências e de aspirações, sendo que umas estão acima e as outras abaixo da pura inteligência! Restabeleçamos a dualidade de origem: as dificuldades desaparecem. E a própria dualidade é absorvida na unidade, pois "pressão social" e "elã de amor" são apenas duas manifestações complementares da vida, normalmente aplicada a conservar em termos genéricos a forma social que foi característica da espécie humana desde a origem, mas excepcionalmente capaz de transfigurá-la, graças a indivíduos que representam, cada qual, tal como teria feito o surgimento de uma nova espécie, um esforço de evolução criadora.

M.R., 97-8.

71. Situação e possibilidades da religião

... O ser inteligente não vivia mais somente no presente; não há reflexão sem previsão, não há previsão sem inquietude, inquietude sem um relaxamento momentâneo do apego à vida. Sobretudo, não há humanidade sem sociedade, e a sociedade pede ao indivíduo um desprendimento que o inseto, em seu automatismo, leva até a completa abnegação. Não se deve contar com a reflexão para sustentar esse desprendimento. A inteligência, a menos que seja a de um sutil filósofo utilitário, aconselharia antes o egoísmo. Por dois lados, portanto, ela pedia um contrapeso. Ou, antes, já estava munida dele, pois a natureza, mais uma vez, não faz os seres de peças disparatadas: o que é múltiplo em sua manifestação pode ser simples na sua gênese. Uma espécie que surge traz consigo, na indivisibilidade do ato que a põe, todo o detalhe do que a torna viável. A própria detenção do elã criador que se traduziu pelo surgimento de nossa espécie deu, junto com a inteligência humana, no interior da inteligência humana, a função fabuladora que elabora as religiões. É esse portanto o papel, é essa a significação da religião que chamamos estática ou natural. A religião é o que deve suprir, em seres dotados de reflexão, um eventual déficit do apego à vida.

É verdade que imediatamente se vislumbra uma outra solução possível do problema. A religião estática apega o homem à vida e, por conseguinte, o indivíduo à sociedade, contando-lhe histórias comparáveis àquelas com que se embalam as crianças. Por certo não são histórias como as outras. Oriundas da função fabuladora por necessidade e não por simples prazer, contrafazem a realidade percebida a ponto de se prolongar em ações: as outras criações imaginativas têm essa tendência, mas não exigem que nos abandonemos a elas; podem permanecer em estado de idéias; essas histórias, ao contrário, são ideomotoras. Nem por isso deixam de ser fábulas, que, como vimos, espíritos críticos aceitarão muitas vezes de fato, mas que de direito deveriam rejeitar. O princípio ativo, movente, cujo mero estacionamento num ponto extremo exprimiu-se pela humanidade, exige sem dúvida de todas as espécies criadas que se aferrem à vida. Mas, como mostramos outrora, embora esse princípio dê todas as espécies globalmente, à maneira de uma árvore que estende em todas as direções galhos terminados em brotos, é o depósito, na matéria, de uma energia livremente criadora, é o homem ou qualquer ser de mesma significação – não de mesma forma – que é a razão de ser do desenvolvimento inteiro. O conjunto poderia ter sido muito superior ao que é, e é provavelmente o que acontece em mundos onde a corrente é lançada através de uma matéria menos refratária. Como também a corrente poderia não ter encontrado nunca uma passagem livre, nem mesmo insuficiente, caso este em que jamais teriam sido liberadas em nosso planeta a qualidade e a quantidade de energia criadora que a forma humana representa. De qualquer maneira, porém, a vida é coisa ao menos tão desejável, mais desejável até para o homem que para as outras espécies, porque estas sofrem-na como um efeito produzido de passagem pela energia criadora, ao passo que no homem ela é o próprio sucesso, por mais incompleto e precário que seja, desse esforço. Por que, então, o homem não recuperaria a confiança que lhe falta ou que a reflexão abalou recuando, para recuperar o elã, na direção de onde o elã viera? Não é por meio da inteligência, ou, em todo caso, apenas com a inteligência, que ele poderia fazê-lo: esta iria antes no sentido inverso; ela tem uma destinação especial e, quando se eleva em suas especulações, faz-nos conceber, no máximo, possibilidades, ela não toca uma realidade. Mas sabemos que em torno da inteligência sobrou uma franja de intuição, vaga e evanescente. Não seria possível fixá-la, intensificá-la e, sobretudo, completá-la em ação, uma vez que só se tornou pura visão por um enfraquecimento de seu princípio e, se assim se pode dizer, por uma abstração praticada sobre ela mesma?

Uma alma capaz e digna desse esforço nem mesmo se perguntaria se o princípio com o qual ela agora se mantém em contato é a causa transcendente de todas as coisas ou se é apenas sua delegação terrestre. Bastar-lhe-ia sentir que se deixa penetrar, sem que sua personalidade nele seja absorvida, por um ser que pode imensamente mais que ela, como o ferro é penetrado pelo fogo que o envermelha. Seu apego à vida seria doravante sua inseparabilidade desse princípio, alegria na alegria, amor pelo que é só amor. À sociedade ela se daria por acréscimo, mas a uma sociedade que seria então a humanidade inteira, amada no amor pelo que é seu princípio. A confiança que a religião estática traria para o homem ver-se-ia transfigurada: não haveria mais preocupação com o futuro e retorno inquieto sobre si mesmo; o objeto não valeria mais materialmente a pena e adquiriria moralmente uma significação alta demais. Agora, é de um desapego de cada coisa em particular que seria feito o apego à vida em geral. Mas dever-se-ia então ainda falar de religião? Ou então, acerca de tudo o que precedeu, será que já era o caso de empregar essa palavra? As duas coisas não diferem a ponto de se excluírem e de não poderem ser chamadas pelo mesmo nome?

Há, no entanto, muitas razões para falar de religião em ambos os casos. Primeiro, por mais que o misticismo – pois é nele que estamos pensando – transporte a alma para um outro plano, nem por isso deixa de lhe assegurar, de uma forma eminente, a segurança e a serenidade que a religião estática tem por função proporcionar. Mas, sobretudo, deve-se considerar que o misticismo puro é uma essência rara, que geralmente é encontrado em estado de diluição, que nem por isso deixa de comunicar à massa à qual se mistura sua cor e seu perfume, e que devemos deixá-lo com ela, praticamente inseparável dela, se quisermos pegá-lo ativo, pois foi assim que ele acabou por se impor ao mundo. Se nos situássemos nesse ponto de vista, perceberíamos uma série de transições e como que diferenças de grau ali onde, na verdade, há uma diferença radical de natureza.

M.R., 222-5.

72. O místico

Pois o amor que o consome não é mais simplesmente o amor de um homem por Deus, é o amor de Deus por todos os homens. Através de Deus, por meio de Deus, ele ama toda a humanidade com um divino amor. Não é a fraternidade que os filósofos recomendaram em nome da razão, argumentando que todos os homens participam originalmente de uma mesma essência racional: diante de um ideal tão nobre nos inclinaremos com respeito; esforçar-nos-emos por realizá-lo se não for incômodo demais para o indivíduo e para a comunidade; não nos ligaremos a ele com paixão. A não ser que tenhamos respirado em algum canto de nossa civilização o perfume inebriante que o misticismo ali deixou. Teriam os próprios filósofos proposto com tanta certeza o princípio, tão pouco conforme à experiência corrente, da igual participação de todos os homens numa essência superior, se não tivesse havido místicos para abraçar a humanidade inteira num único e indivisível amor? Portanto, não se trata aqui da fraternidade cuja idéia foi construída para fazer dela um ideal. Tampouco se trata da intensificação de uma simpatia inata do homem pelo homem. Pode-se aliás indagar se tal instinto alguma vez existiu salvo na imaginação dos filósofos, onde surgiu por razões de simetria. Família, pátria e humanidade aparecendo como círculos cada vez maiores, pensou-se que o homem deveria amar naturalmente a humanidade como se ama a pátria e a família, quando na realidade o agrupamento familiar e o agrupamento social são os únicos que foram queridos pela natureza, os únicos aos quais correspondem instintos, e os instintos sociais levariam as sociedades a lutar umas contra as outras bem mais do que a se unir para se constituir efetivamente em humanidade. O sentimento familiar e social poderá, no máximo, superabundar acidentalmente e ser empregado para lá de suas fronteiras naturais, por luxo ou por diversão; isso nunca irá muito longe. Bem diferente é o amor místico pela humanidade. Ele não prolonga um instinto, não deriva de uma idéia. Não é algo nem sensível nem racional. É ambas as coisas implicitamente e bem mais efetivamente. Porque tal amor está na própria raiz da sensibilidade e da razão, bem como do resto das coisas. Coincidindo com o amor de Deus por sua obra, amor que fez tudo, confiaria a quem soubesse interrogá-lo o segredo da criação. É de essência bem mais metafísica que moral. Gostaria, com a ajuda de Deus, de concluir a criação da espécie humana e fazer da humanidade o que ela teria sido imediatamente se tivesse podido se constituir definitivamente sem a ajuda do próprio homem. Ou, para empregar palavras que dizem, como veremos, a mesma coisa em outra língua: sua direção é a mesma do elã de vida; ele é esse elã mesmo, comunicado integralmente a homens privilegiados que gostariam de imprimi-lo então à humanidade inteira e, por uma contradição realizada, transformar em esforço criador essa coisa criada que é uma espécie, fazer um movimento do que é, por definição, uma parada.

Conseguirá ele? Se o misticismo deve transformar a humanidade, só poderá fazê-lo transmitindo pouco a pouco, lentamente, uma parte dele mesmo. Os místicos percebem-no claramente. O grande obstáculo com que toparão será aquele que impediu a criação de uma humanidade divina. O homem deve ganhar seu pão com o suor de seu rosto: em outras palavras, a humanidade é uma espécie animal, submetida como tal à lei que rege o mundo animal e que condena o vivo a comer o vivo. Uma vez que, então, seu alimento é disputado pela natureza em geral e por seus congêneres, ele tem de empregar necessariamente seu esforço em consegui-lo, sua inteligência é justamente feita para lhe fornecer as armas e as ferramentas tendo em vista essa luta e esse trabalho. Como, nessas condições, a humanidade voltaria para o céu uma atenção essencialmente fixada na terra? Se isso for possível, só o será pelo emprego simultâneo ou sucessivo de dois métodos muito diferentes. O primeiro consistiria em intensificar tanto o trabalho intelectual, em levar a inteligência tão mais longe do que a natureza quis para ela que a simples ferramenta cederia lugar a um imenso sistema de máquinas capazes de liberar a atividade humana, essa liberação sendo, aliás, consolidada por uma organização política e social que assegurasse ao maquinismo sua verdadeira destinação. Meio perigoso, pois a mecânica, ao se desenvolver, poderá se voltar contra a mística: até mesmo, é em aparente reação contra esta que a mecânica se desenvolverá o mais completamente. Mas é preciso correr alguns riscos: uma atividade de ordem superior, que necessita de uma atividade mais baixa, deverá suscitá-la ou, em todo caso, deixá-la funcionar, com a possibilidade de dela se defender se for preciso; a experiência mostra que se, de duas tendências contrárias mas complementares, uma cresceu a ponto de querer ocupar todo o espaço, a outra não terá do que reclamar contanto que tenha conseguido se conservar minimamente: sua vez chegará e, então, irá se beneficiar de tudo o que foi feito sem ela, de tudo, até, que foi feito vigorosamente apenas contra ela. Seja como for, esse meio só iria poder ser utilizado bem mais tarde e, nesse entretempo, havia um método totalmente diferente a seguir. Consistia em não sonhar para o elã místico uma propagação geral imediata, evidentemente impossível, e sim comunicá-lo, ainda que já enfraquecido, a um pequeno número de privilegiados que formariam juntos uma sociedade espiritual; as sociedades desse gênero poderiam propagar-se; cada uma delas, por meio daqueles de seus membros excepcionalmente bem dotados, daria origem a uma ou várias outras; assim se conservaria, assim teria continuidade o elã até o dia em que uma mudança profunda das condições materiais impostas à humanidade pela natureza possibilitasse, do lado espiritual, uma transformação radical. Foi esse o método que os grandes místicos seguiram. Foi por necessidade e porque não podiam fazer de outro modo que despenderam sua energia superabundante sobretudo em fundar conventos ou ordens religiosas. Não tinham de olhar mais adiante por enquanto. O elã de amor que os levava a elevar a humanidade até Deus e concluir a criação divina só podia atingir seu objetivo, aos olhos deles, com a ajuda de Deus, de quem eram os instrumentos. Todo o seu esforço deveria portanto concentrar-se numa tarefa muito grande, muito difícil, mas limitada. Outros esforços virão, outros, aliás, já tinham vindo; todos seriam convergentes, já que Deus os unificava.

M.R., 247-50.

c) Conclusão

73. Realidade do tempo

... A sucessão existe, tenho consciência disso, é um fato. Quando um processo físico realiza-se diante de meus olhos, não depende de minha percepção ou de minha inclinação acelerá-lo ou retardá-lo. O que importa para o físico é o *número* de unidades de duração que o processo preenche: não precisa se preocupar com as próprias unidades, e é por isso que os estados sucessivos do mundo poderiam ser desdobrados de golpe no espaço sem que sua ciência mudasse por isso e sem que ele deixasse de falar do tempo. Mas, para nós, seres conscientes, são as unidades que importam, pois não contamos extremidades de intervalo, sentimos e vivemos os próprios intervalos. Acontece que temos consciência desses intervalos como intervalos *determinados*. Volto sempre ao meu copo de água com açúcar: por que preciso esperar o açúcar derreter? Se a duração do fenômeno é relativa para o físico, já que se reduz a um certo número de unidades de tempo e as unidades elas mesmas podem ser o que se quiser, essa duração é um absoluto para minha consciência, pois coincide com um certo grau de impaciência que é, ele, rigorosamente determinado. De onde vem essa determinação? O que me obriga a esperar e a esperar durante um certo comprimento de duração psicológica que se impõe, com relação ao qual nada posso fazer? Se a sucessão, enquanto distinta da simples justaposição, não tem eficácia real, se o tempo não é uma espécie de força, por que o universo desenrola seus estados sucessivos com uma velocidade que, aos olhos de minha consciência, é um verdadeiro absoluto? Por que com essa velocidade determinada e não com qualquer outra? Por que não com uma velocidade infinita? De onde vem, em outras palavras, que tudo não seja dado de um só golpe, como na película do cinematógrafo? Quanto mais aprofundo esse ponto, mais me parece que, se o porvir está condenado a *suceder* ao presente em vez de ser dado ao seu lado, é porque não está totalmente determinado no momento presente, e porque, se o tempo ocupado por essa sucessão é algo diferente de um número, se tem, para a consciência que nele está instalada, um valor e uma realidade absolutos, é porque nele se criam sem cessar, certamente não em tal ou qual sistema artificialmente isolado, como um copo de água com açúcar, mas no todo concreto ao qual esse sistema adere, o imprevisível e o novo. Essa duração pode não ser um atributo da própria matéria, e sim da Vida que vai no seu contrafluxo: os dois movimentos nem por isso são menos solidários um do outro. *A duração do universo confunde-se portanto com a latitude de criação que nele pode ocorrer.*

E.C., 338-9.

74. *A idéia de criação*

Com efeito, o mistério que paira sobre a existência do universo decorre, em grande parte, do fato de querermos que sua gênese tenha se dado de um só golpe, ou então, que toda matéria seja eterna. Quer se fale de criação, quer se postule uma matéria incriada, em ambos os casos é a totalidade do universo que é posta em questão. Examinando mais profundamente esse hábito do espírito, nele encontraríamos... a idéia, comum aos materialistas e a seus adversários, de que não há duração realmente atuante e de que o absoluto – matéria ou espírito – não poderia instalar-se no tempo concreto, no tempo que sentimos ser o próprio tecido de nossa vida: donde resultaria que tudo está dado de uma vez por todas e que é preciso postular desde sempre, ou a própria multiplicidade material, ou o ato criador dessa multiplicidade, dado em bloco na essência divina. Uma vez desenraizado esse preconceito, a idéia de criação fica mais clara, pois se confunde com a de crescimento. Mas então não é mais do universo em sua totalidade que deveremos falar...

... Tudo é obscuro na idéia de criação se pensamos em *coisas* que seriam criadas e em uma *coisa* que cria, como se faz de hábito, como o entendimento não pode se impedir de fazer... Mas coisas e estados são apenas vistas que nosso espírito toma do porvir. Não existem coisas, existem apenas ações. Mais particularmente, se considero o mundo em que vivemos, descubro que a evolução automática e rigorosamente determinada desse todo bem amarrado é ação que se desfaz, e que as formas imprevistas que a vida nele recorta, formas capazes de se prolongarem a si mesmas em movimentos imprevistos, representam ação que se faz. Ora, tenho todos os motivos para crer que os outros mundos são análogos ao nosso, que as coisas neles ocorrem da mesma maneira. E sei que eles não se constituíram todos ao mesmo tempo, já que a observação me mostra, ainda hoje, nebulosas se concentrando. Se, por toda parte, é a mesma espécie de ação que se realiza, seja desfazendo-se, seja procurando refazer-se, simplesmente exprimo essa provável similitude quando falo de um centro de onde os mundos jorrariam como os foguetes de um imenso buquê – desde que eu, todavia, não considere esse centro uma *coisa*, e sim uma continuidade de jorro. Deus, assim definido, nada tem de já pronto; é vida incessante, ação, liberdade. A criação, assim concebida, não é um mistério, experimentamo-la em nós mesmos sempre que agimos livremente. Que novas coisas possam se acrescentar às coisas que existem é algo absurdo, sem dúvida nenhuma, porque a *coisa* resulta de uma solidificação operada por nosso entendimento e porque nunca há outras coisas além daquelas que o entendimento constituiu. Falar de coisas que se criam equivaleria portanto a dizer que o entendimento se dá mais do que aquilo que ele se dá – afirmação contraditória consigo mesma, representação vazia e vã. Mas que a ação se avolume ao avançar, que crie à medida que progride é o que cada um de nós constata quando se vê agir. As coisas se constituem pelo corte instantâneo que o entendimento pratica, num momento dado, num fluxo desse gênero, e o que é misterioso quando comparamos entre si os cortes torna-se claro quando nos remetemos ao fluxo. Mesmo as modalidades da ação criadora que prossegue na organização das formas vivas simplificam-se singularmente quando são tomadas por esse viés. Diante da complexidade de um organismo e a multidão quase infinita de análises e sínteses entrelaçadas que ela pressupõe, nosso entendimento recua desconcertado. Custa-nos crer que o puro e simples jogo das forças físicas e químicas possa fazer essa maravilha. E, se é uma ciência profunda que está em operação, como compreender a influência exercida sobre a matéria sem forma por essa forma sem matéria? Mas a dificuldade nasce do fato de concebermos, estaticamente, partículas materiais já prontas, justapostas umas às outras, e, estaticamente também, uma causa exterior que aplicaria nelas uma organização científica. Na realidade, a vida é um movimento, a materialidade é o movimento inverso e cada um desses dois movimentos é simples, a matéria que forma um mundo sendo um fluxo indiviso, e indivisa também sendo a vida que a atravessa recortando nela seres vivos. Dessas duas correntes, a segunda contraria a primeira, mas a primeira obtém assim mesmo algo da segunda: daí resulta um *modus vivendi* entre elas, que é precisamente a organização. Essa organização adota para nossos sentidos e para nossa inteligência uma forma de partes inteiramente exteriores a partes no tempo e no espaço. Não só fechamos os olhos para a unidade do elã que, atravessando as gerações, liga os indivíduos aos indivíduos, as espécies às espécies e faz da série inteira dos vivos uma única e imensa onda correndo sobre a matéria, mas cada indivíduo ele próprio nos aparece como um agregado, agregado de moléculas e agregado de fatos. A razão disso estaria na estrutura de nossa inteligência, feita para agir de fora sobre a matéria e que só o consegue praticando cortes instantâneos no fluxo do real, cada um dos quais se torna, em sua fixidez, indefinidamente decomponível. Ao perceber, num organismo, apenas partes exteriores a partes, o entendimento só pode escolher entre dois sistemas de explicação: ou tomar a organização infinitamente complicada (e, desse modo, infinitamente científica) por uma reunião fortuita, ou remetê-la à influência incompreensível de uma força exterior que teria agrupado seus elementos. Mas essa complicação é obra do entendimento, essa incompreensibilidade também é obra dele. Procuremos ver, não mais com os olhos apenas da inteligência, que só apreende o todo feito e que olha de fora, mas com o espírito, ou seja, essa faculdade de ver que é imanente à faculdade de agir e que jorra, de certo modo, da torção do querer sobre si mesmo. Tudo voltará a se pôr em movimento e tudo se resolverá em movimento. Lá onde o entendimento, exercendo-se sobre a imagem supostamente fixa da ação em andamento, mostrava-nos partes infinitamente múltiplas e uma ordem infinitamente científica, adivinharemos um processo simples, uma ação que se faz através de uma ação do mesmo tipo que se desfaz, algo como o caminho que o último foguete do fogo de artifício abre entre os destroços dos foguetes apagados.

E.C., 241-2; 249-51.

75. Duração e liberdade

É portanto uma psicologia grosseira, vítima dos engodos da linguagem, aquela que nos mostra a alma determinada por uma simpatia, uma aversão ou um ódio, bem como por tantas outras forças que pesam sobre ela. Cada um desses sentimentos, desde que tenha atingido uma profundidade suficiente, representa a alma inteira, no sentido de que todo o conteúdo da alma se reflete em cada um deles. Dizer que a alma se determina sob a influência de qualquer um desses sentimentos é portanto reconhecer que ela determina a si própria. O associacionista reduz o eu a um agregado de fatos de consciência, sensações, sentimentos e idéias. Mas, caso não veja nesses diversos estados nada mais que o que o nome deles exprime, caso só conserve deles seu aspecto impessoal, poderá justapô-los indefinidamente sem obter outra coisa além de um eu fantasma, a sombra do eu projetando-se no espaço. Pelo contrário, caso tome esses estados psicológicos com a coloração particular de que se revestem numa determinada pessoa e que provém, para cada estado, do reflexo de todos os outros, então deixa de ser necessário associar vários fatos de consciência para reconstituir a pessoa: ela está inteira num único deles, contanto que se saiba escolhê-lo. E a manifestação exterior desse estado interno será precisamente o que se chama um ato livre, já que seu único autor terá sido o eu, já que exprimirá o eu inteiro. Nesse sentido, a liberdade não apresenta o caráter absoluto que o espiritualismo às vezes lhe confere; admite graus. – Pois todos os estados de consciência não se misturam a seus congêneres como as gotas de chuva à água do lago. O eu, na medida em que percebe um espaço homogêneo, apresenta uma certa superfície, e sobre essa superfície poderão se formar e flutuar vegetações independentes. Assim, uma sugestão recebida em estado de hipnotismo não se incorpora à massa dos fatos de consciência; mas, dotada de uma vitalidade própria, substituirá a própria pessoa quando chegar a hora. Uma cólera violenta provocada por alguma circunstância acidental, um vício hereditário que emerge de repente das profundezas obscuras do organismo para a superfície da consciência agirão mais ou menos como uma sugestão hipnótica. Ao lado desses termos independentes, encontraríamos séries mais complexas, cujos elementos, embora se penetrem entre si, nunca chegam a se fundir perfeitamente na massa compacta do eu. Tal é o conjunto de sentimentos e de idéias que provêm de uma educação mal compreendida, aquela que se volta para a memória e não para o juízo. Forma-se assim, no próprio seio do eu fundamental, um eu parasita que avançará continuamente sobre o outro. Muitos vivem assim e morrem sem ter conhecido a verdadeira liberdade. Mas a sugestão se tornaria persuasão se o eu inteiro a assimilasse; a paixão, mesmo súbita, não apresentaria mais o mesmo caráter fatal se nela se refletisse, tal como na indignação de Alceste, toda a história da pessoa; e a mais autoritária das educações não cercearia nem um pouco nossa liberdade se nos transmitisse apenas idéias e sentimentos capazes de impregnar a alma inteira. É da alma inteira, com efeito, que a decisão livre emana; e o ato será tanto mais livre quanto mais a série dinâmica à qual está vinculado tender a se identificar com o eu fundamental.

D.I., 124-6.

76. Vida e liberdade

Consciência e materialidade apresentam-se portanto como formas de existência radicalmente diferentes, antagonistas até, que adotam um *modus vivendi* e, bem ou mal, se acertam entre si. A matéria é necessidade, a consciência é liberdade; mas, apesar de elas se oporem uma à outra, a vida encontra meios de reconciliá-las. Isso porque a vida é precisamente a liberdade inserindo-se na necessidade e transformando-a em proveito próprio. Ela seria impossível se o determinismo ao qual a matéria obedece não pudesse relaxar seu rigor. Mas suponha que em certos momentos, em certos pontos, a matéria ofereça uma certa elasticidade, ali se instalará a consciência. Instalar-se-á fazendo-se bem pequena; depois, uma vez estabelecida, irá se dilatar, expandir sua parte e acabará por obter tudo, porque dispõe do tempo e porque a mais leve quantidade de indeterminação, somando-se indefinidamente a si mesma, dará tanta liberdade quanto se quiser. – Mas reencontraremos essa mesma conclusão em outras linhas de fatos, que no-la apresentarão com mais rigor.

Com efeito, se investigarmos como um corpo vivo procede para executar movimentos, descobriremos que seu método é sempre o mesmo. Consiste em utilizar certas substâncias que poderíamos dizer explosivas e que, parecidas com pólvora de canhão, estão esperando apenas uma faísca para estourar. Refiro-me aos alimentos, mais particularmente às substâncias ternárias – hidratos de carbono e gorduras. Uma soma considerável de energia potencial ali está acumulada, prestes a se transformar em movimento. Essa energia foi lenta e gradualmente emprestada do sol pelas plantas; e o animal que se nutre de uma planta, ou de um animal que se nutriu de uma planta, ou de um animal que se nutriu de um animal que se nutriu de uma planta etc., simplesmente faz passar para o seu corpo um explosivo que a vida fabricou armazenando energia solar. Quando ele executa um movimento é porque libera a energia assim aprisionada; para isso, precisa apenas tocar num disparador, triscar o gatilho de uma pistola sem atrito, chamar a faísca: o explosivo detona e na direção escolhida o movimento se realiza. Se os primeiros seres vivos oscilaram entre a vida vegetal e a vida animal foi porque a vida, nos seus primórdios, estava encarregada a um só tempo de fabricar o explosivo e de utilizá-lo para movimentos. À medida que vegetais e animais se diferenciavam, a vida cindia-se em dois reinos, separando assim uma da outra as duas funções primitivamente reunidas. Num preocupava-se sobretudo em fabricar o explosivo, no outro, em fazê-lo detonar. Mas, quer a consideremos no começo ou no fim de sua evolução, a vida em seu conjunto é sempre um duplo trabalho de acumulação gradual e de gasto brusco: para ela, trata-se de conseguir que a matéria, por uma operação lenta e difícil, armazene uma energia de potência que se tornará de um só golpe energia de movimento. Ora, como procederia de outra forma uma causa livre, incapaz de romper a necessidade à qual a matéria está submetida, capaz no entanto de fleti-la, e que gostaria, com a pequeníssima influência de que dispõe sobre a matéria, de obter dela, numa direção cada vez mais bem escolhida, movimentos cada vez mais potentes? Procederia exatamente dessa maneira. Esforçar-se-ia por ter apenas de fazer funcionar um disparador ou fornecer uma faísca, utilizar instantaneamente uma energia que a matéria teria acumulado durante todo o tempo que tivesse sido preciso.

E.S., 13-5.

77. Memória e liberdade

Ao mesmo tempo em que nossa percepção atual e, por assim dizer, instantânea efetua essa divisão da matéria em objetos independentes, nossa memória solidifica em qualidades sensíveis o escoamento contínuo das coisas. Prolonga o passado no presente, porque nossa ação disporá do porvir na exata proporção em que nossa percepção, avolumada pela memória, tiver contraído o passado. Responder a uma ação sofrida com uma reação imediata que se ajusta ao seu ritmo e se prolonga na mesma duração, estar no presente, e num presente que recomeça sem cessar, eis a lei fundamental da matéria: nisso consiste a *necessidade*. Caso haja ações *livres* ou pelo menos parcialmente indeterminadas, elas só podem pertencer a seres capazes de fixar, de tempos em tempos, o devir sobre o qual seu próprio devir se aplica, de solidificá-lo em momentos distintos, de condensar assim sua matéria e, assimilando-a, digeri-la em movimentos de reação que passarão através das malhas da necessidade natural. A tensão mais ou menos alta da duração deles, que exprime, no fundo, sua maior ou menor intensidade de vida, determina assim tanto a força de concentração de sua percepção quanto o grau de sua liberdade. A independência de sua ação sobre a matéria ambiente afirma-se cada vez mais à medida que eles se libertam mais do ritmo segundo o qual essa matéria se escoa. De sorte que as qualidades sensíveis, tal como figuram na nossa percepção acrescida de memória, são de fato os momentos sucessivos obtidos pela solidificação do real. Mas, para distinguir esses momentos e também para ligá-los por um fio que seja comum a nossa própria existência e à das coisas, somos forçados a imaginar um esquema abstrato da sucessão em geral, um meio homogêneo e indiferente que seja para o escoamento da matéria, no sentido do comprimento, o que o espaço é no sentido da largura: nisso consiste o tempo homogêneo. Espaço homogêneo e tempo homogêneo não são portanto nem propriedades das coisas nem condições essenciais de nossa faculdade de conhecê-las: exprimem, sob uma forma abstrata, o duplo trabalho de solidificação e de divisão a que submetemos a continuidade movente do real para nela garantirmos pontos de apoio, para nela fixarmos centros de operação, para nela introduzirmos, enfim, verdadeiras mudanças; são os esquemas de nossa *ação* sobre a matéria.

M.M., 236-7.

ÍNDICE REMISSIVO

Não citamos as palavras *duração, intuição, memória* e *vida*, porque estão presentes na maioria dos textos.